백만불짜리 글쓰기 습관

백만불짜리 글쓰기 습관

아이의 글쓰기 실력이 미래를 좌우한다

박은진 지음

인물과
사상사

"한 사람을 규정하는 것은 그가 매일 반복적으로 하는 일이다.
그러므로 위대한 것은 습관이다."
— **아리스토텔레스**Aristoteles(고대 그리스 철학자)

"학생들이 배워야 할 단 한 가지는 의사소통의 기술이며,
그것은 글쓰기다."
— **워런 버핏**Warren Buffett(세계 최고의 투자가)

글쓰기가 왜 아이들에게 필요할까?

우리 아이들이 살아갈 미래 사회는 지금과 다를 것이다. 그 변화의 흐름을 읽지 못하고 과거의 방법을 답습해서 잘못된 길로 안내한다면 어떻게 될까? 세상이 변하는 모습을 제대로 알아야 아이들에게 올바른 방향을 알려줄 수 있을 거라고 생각했다. 그래서 미래 사회, 일자리 변화, 인공지능과 관련된 책을 읽기 시작했다. 많은 일자리가 사라지고, 또 새로운 일자리도 생겨날 거라고 한다. 하지만 양질의 일자리는 줄어들 것이라고 한다. 변화의 기로에 서 있는 아이들에게 어떤 능력을 키워주어야 미래를 제대로 준비할 수 있을까?

전 세계 7세 아이들의 65퍼센트가 지금은 존재하지 않는 직업을 갖게 될 거라고 한다. 미래학자 앨빈 토플러Alvin Toffler는 "한국 학생들은 미래에 필요하지 않은 지식과 존재하지도 않을 직업을 위해 하루에 15시간씩 공부하고 있다"고 말했다.

부모는 등대가 되어야 한다. 깜깜한 밤에 환한 불빛으로 길을 잃지 않도록 도와주는 등대처럼 아이들이 자신의 길을 나아갈 수 있게 방향을 알려주어야 한다. 또한 아이가 자신의 재능을 키울 수 있도록 지원하고, 하고 싶은 일을 찾을 수 있도록 도와주어야 한다.

아이들이 학교를 다니면서 성적에 연연해하지 않았으면 좋겠다. 부모가 점수와 등수를 보고도 평정심을 유지하는 것은 결코 쉬운 일이 아닐 것이다. 하지만 아이가 좋아하는 책을 읽고, 감정과 생각을 글에 담아 세상에 목소리를 내는 어른으로 자랐으면 한다.

그동안 독서와 글쓰기는 공부 습관을 잡아주기 위한 '연장선'에서 생각했다. 여기에서 공부란 학교 시험에서 좋은 성적을 받기 위한 것을 말한다. 점수를 잘 받기 위해서는 배운 내용을 잘 외우고 있어야 한다. 하지만 단순 암기 위주의 공부는 수명을 다했다. 영국 케임브리지대학 장하석 교수도 "정답을 가르치기보다는 유연한 사고를 길러야 한다"고 말했다. 그는 제4차 산업혁명 시대에 필요한 교육으로 "하고 싶은 것을 하도록 놓아주고, 흥미를 유발하는 교육"을 제시했다.

우리 아이들이 세계지도를 보며 아직 발견하지 않은 보물을 찾아 모험하는 마음으로 하루를 소중하게 보냈으면 한다. 호기심을 갖는 분야의 공부를 폭넓게 하고, 지식의 깊이를 갖는 아이로 성장했으면 좋겠다. 자신의 글에 독창성이 있고, 다양한 아이디어를 생각해내며, 신이 준 선물이라는 상상의 세계에 빠지도록 아이를 키우고 싶다. 그리고 앞으로 내가 가르칠 아이들과 만나게 될 아이들도 그렇게 자랄 수 있기를 바란다.

운동을 통해 '근력'을 기르면 더 강한 힘을 낼 수 있다. 세상을 살아가는 힘은 '글력'에서 나온다. '글력'은 글쓰기 능력이자 실력이다. 매일 독서와 글쓰기를 통해 글을 이해하고 쓰는 힘을 기르면 세상과 소통할 수 있는 힘을 기르게 될 것이다. 어떤 세상이 되더라도 세상을 살아가는 가장 강력한 무기는 글쓰기다.

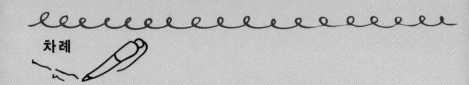

차례

제3장 글쓰기가 아이를 성장시킨다

제1장

글쓰기의 힘

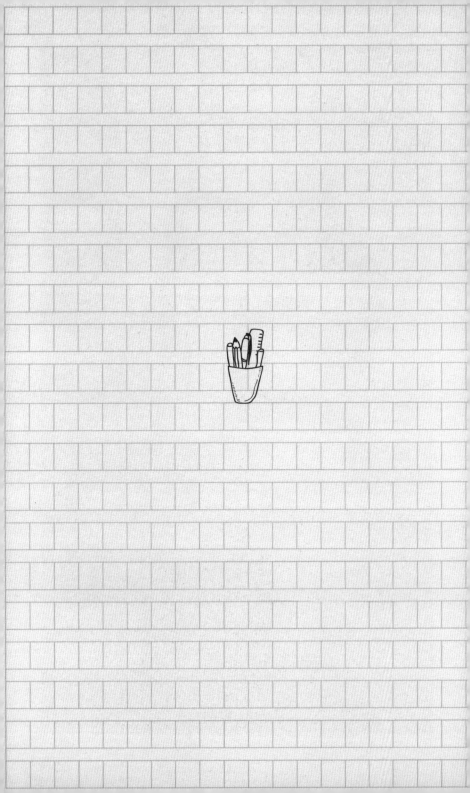

글쓰기가
왜 중요할까?

일본 여행을 갔을 때 지하철 광고가 눈에 들어왔다. 양쪽에는 사람이 서 있고, 중간에는 사람처럼 생긴 로봇이 상을 받고 있었다. 일본어를 조금 할 줄 아는 남편에게 물었다.

"저 광고에 무슨 말이 쓰여 있는 거야?"

남편은 이렇게 말했다.

"로봇이 SF 소설을 썼대. 그 로봇을 개발한 대학교가 신입생을 유치하려고 광고하는 거야."

나는 스마트폰으로 이 광고를 찍어두었다.

인공지능의 능력을 시험하고 싶었던 사람들이 인공지능 탑재 로봇에게 SF 소설을 많이 읽도록 했다. 딥러닝을 통해 SF 소설의 작법을 터득하고 직접 작품까지 쓰게 한 것이다. 작가의 정체를 숨긴 채 작품을 공모전에 출품했고, 상까지 받게 되었다. 소설을 쓰기까지 인간은 얼마나 오랜 시간을 노력해야 할까? 그런데 인공지능 로봇들은 소설뿐만 아니라 작곡도 한다. 그리고 자신이 배운 내용을 클라우드에 저장하면 원하는 곳에서 얼마든지 다시 다운로드해 스스로 학습할 수 있다고 한다.

이 로봇들이 엄청난 양을 학습하며 계속 진화하고 있다. 로봇처럼 우리의 지적 능력도 진화하고 있는지 나 자신에게 물어본다. 자동차 번호판 외우기조차 힘들고, 가끔은 냉장고 앞에 왜서 있는지도 한참 떠올려야 한다. 인간보다 뛰어난 로봇이 지배하는 세상은 공상과학영화나 소설 속 일이 아니다.

매일 고속도로를 이용해 출퇴근하는 남편은 경유차를 타고 다닌다. 세제 혜택도 받고, 경비를 아낄 수 있는 전기차를 사려고 생각했지만, 전기 충전을 하기 쉽지 않아 경유차를 타고 있다. 하지만 앞으로는 전기차가 보편화될 거라고 한다. 현재의 자동차 부품이 2만 개가 넘지만, 전기차는 20개 정도만 필요하다고 한다. 많은 자동차 협력회사는 문을 닫을지도 모르겠다. 그리고 정비소도 줄어들 수밖에 없을 것이다.

아파트 단지 앞에 있는 현금지급기도 폐쇄한다는 안내문이 붙었다. 지점 없이 운영하는 은행들도 생겼다. K-뱅크나 카카오뱅크를 이용하는 사람이 늘고 현금을 사용하는 일도 줄어서 은행원의 수도 줄 수밖에 없다. 집 근처의 베트남 쌀국숫집은 저렴한 비용으로 음식을 제공하기 위해 주문을 받는 기계가 설치되어 있다. 롯데리아나 롯데마트에 가도 음식을 주문할 때는 기계를 활용한다. 키오스크Kiosk는 얼마 전 등기를 보내기 위해 찾아간 우체국에도 설치되어 있었다. 사람들이 하던 일을 기계나 로봇이 전부 대체하지는 않을 것이다. 그래도 사람이 할 수 있는 일자리는 줄어들 수밖에 없다.

제4차 산업혁명 시대에는 많은 직업이 사라지고, 또 다른 직업들이 생겨날 것이다. 새로운 직업이 생겨나더라도, 직업의 질이 좋아지고 그 수가 많아지기 어려울 거라는 어두운 전망이 우세하다. 우리 아이들은 어떤 직업을 갖고 살아야 하고 지금 어떤 준비를 시켜야 하는 걸까?

텔레비전 채널을 돌리다가 홈쇼핑 방송 자막이 눈에 들어왔다. 'AI 시대. 인간에게만 있는 창의력이 더욱 필요합니다.' 많은 전문가가 제시한 미래 인재의 요건 중 핵심은 바로 창의성이다. 부모들은 자신의 아이를 창의성을 가진 인재로 키우고 싶어 한다. 그런데 창의성을 키우기는 쉽지 않다. 사교육을 받거나 창의성 개발 강의를 듣거나 몇 권의 책을 읽는다고 기를 수 있는 것이 아니다. 도대체 창의성이 뭐고 어떻게 하면 기를 수 있을까?

세계적인 창의성 연구자인 엘리스 폴 토랜스Ellis Paul Torrance 박사는 창의성을 구성하는 요소로 유창성, 융통성, 독창성, 정교성을 들었다. 창의성을 개발한다는 것은 이 4가지 능력을 키운다는 것이다.

유창성은 아이디어 혹은 가능한 해법을 많이 생각해낼 수 있는 능력이다. 예를 들어 벽돌은 집을 지을 때 재료로 쓰인다. 그런데 다른 용도로 사용할 수 있는 방법을 생각해보도록 한다. '모래 놀이를 할 때 트럭으로 사용한다', '변기에 넣어 물을 아낄 수 있게 한다' 등 새로운 아이디어를 내는 방법을 뜻한다.

융통성은 다양한 접근 방법과 전략을 생각해낼 수 있는 능력이다. 대표적으로 추운 곳에 사는 에스키모에게 냉장고를 파는 방법을 생각해보라고 하는 것이다. '채소를 보관할 수 있다', '냉장고를 사면 이글루를 반값에 판매한다' 등 다양한 판매 전략을 세워보면서 융통성을 신장시킬 수 있다.

독창성은 상식을 깨는 색다른 가능성을 생각해낼 수 있는 능력이다. 『초등학생이 좋아하는 글쓰기 소재 365』에는 이런 예를 제시하고 있다. 무조건 일어날 수밖에 없는 알람시계를 발명해보자는 소재를 보고 '굴러다니는 알람시계, 안 일어나면 매로 때리는 알람시계, 엄마 목소리가 나오는 알람시계' 등 남들이 쉽게 생각하지 못하는 아이디어를 통해 독창성이 길러진다.

정교성은 아이디어의 세부적인 내용을 생각해내고 실행할 수 있는 능력이다. 지각했을 때 혼나지 않는 나만의 노하우라는 주제로 생각해본다. '아파서 병원에 다녀왔다고 한다', '미리 엄마한테 전화를 해달라고 한다', '장염에 걸려 화장실에 다녀왔다고 한다' 등 구체적인 계획을 세우는 능력을 뜻한다.

아이들은 상상력이 뛰어나다. 이 상상력이 학교 교육을 통해 모두 같은 무늬로 변하는 것이 문제다. 교육은 아이들이 원래 갖고 있던 질문하는 능력, 호기심, 상상력을 더 발전시킬 수 있도록 지원해주어야 한다.

브레인스토밍, 마인드맵, 스캠퍼Scamper(아이디어를 얻기 위해 의도적으로 시험할 수 있는 7가지 규칙을 의미한다. S=Substitute[기존의 것을 다른 것으로 대체해보라], C=Combine[A와 B를 합쳐보라], A=Adapt[다른 데 적용해보라], M=Modify, Minify, Magnify[변경·축소·확대해보라], P=Put to other uses[다른 용도로 써보라], E=Eliminate[제거해보라], R=Reverse, Rearrange[거꾸로 또는 재배치해보라] 등을 뜻한다), 연꽃 기법(연꽃과 같은 모양으로 머릿속의 상상을 뻗어나가며 생각을 정리하는 방법이다) 등 창의력을 키우기 위한 다양한 방법이 있다. 하지만 전문지식이 없더라도 어렵지 않게 할 수 있는 게 있다. 바로 창의적인 소재로 글쓰기를 하는 것이다.

『창의력을 키우는 초등 글쓰기 좋은 질문 642』에는 기발한 질문이 가득하다. 이런 소재로 글쓰기를 한다면 창의력이 샘솟고, 글쓰기 실력도 키울 수 있어 일석이조다. 글을 쓰다 보면 자신이 동물이 될 수도 있고, 현실에서는 일어날 수 없는 상황을 상상해서 써야 할 때도 있다. 뒤집어서 세상을 바라보면 창의적인 시각을 기를 수 있다. 처음에는 생각한다는 사실 자체가 어려울 수도 있다. 하지만 글쓰기 실력을 기르면 쓰기도 읽기도 쉬워질 것이다. 아이가 평생 지닐 수 있는 좋은 습관은 바로 글쓰기다. 자신의 생각을 글로 전달할 수 있는 능력을 갖춘다면, 미래 사회를 살아갈 든든한 자산을 갖추게 된다.

스토리텔링의
힘

신문에서 흥미로운 사설을 읽었다. 제목은 '중고나라 작문의 이론과 실제'인데, 애물단지마냥 거실 한구석을 차지하고 있던 '키 크는 운동기구'를 중고나라에 팔게 된 것이다. 먼저 저자는 중고나라에서 이 기계가 팔린 경우와 팔리지 않은 경우를 분석했다. 특히나 팔리지 않은 경우에는 여러 이유가 있는데, 주로 글에 불필요한 내용이 너무 많다는 것이다. 어떤 글은 운동기구에 대한 설명이 장황하다. 이 운동기구를 검색해 중고나라에 들어온 사람은 이미 이것에 대한 평판과 소문을 다 알고 있다.

판매 문구가 길고 가격이 맨 뒤에 붙은 것은 가격에 자신이 없는 것으로 보일 뿐이다. "갑자기 이사를 가야 해서 어쩔 수 없이 판매한다"는 말은 "새집까지 끌고 가기는 싫다"로 읽힌다. "우리가 잘 썼으니 다른 분들에게도 저렴하게 권해 드리고 싶어서"라고 쓴 것도 있는데, 우리는 판매자에게 그런 선의善意가 애초에 없음을 잘 알고 있다. 결국 저자는 딱 '세 문장'을 쓰고 사진 2장과 함께 올린다. 그러자 불과 10분 만에 구입하겠다는 연락이 왔고, 2시간 만에 거실에서 '밉상 기계'를 치울 수 있었다. 똑같은 가격에 올린 사람들이 수두룩한데도 말이다.

인터넷에서 이 사설을 검색해보니 여러 댓글이 달려 있었다. 그 '세 문장'이 뭐냐고 묻기도 하고, 왜 '세 문장'을 글에 밝히지 않았느냐고 질책도 한다. 저자는 뭐라고 세 문장을 썼을까?

한 출판업자에게서 들은 이야기가 생각난다. 30년간 책을 만들면서 가장 어렵고도 중요한 것은 '판매'라고 한다. 아무리 좋은 책을 만들어도 사람들이 사주지 않으면 소용없다. 그렇다고 광고를 하자니 그 비용을 무시할 수 없다.

텔레비전에서 책을 광고하는 건 거의 본 적이 없다. 수지타산이 맞지 않기 때문이다. 예스24와 같은 온라인서점 광고도 부담스럽다. 결국 99퍼센트의 책은 나오자마자 소리 소문 없이 묻히게 된다. 책만 그럴까? 무수한 상품이 매일 세상에 쏟아져 나오지만 대부분은 알려지지 않는다. 중소기업에서 발명특허 제품을 생산한다고 해도 팔 수 있는 방법이 없다. 참으로 개발자는 억울한 셈이다.

일본 가나가와현 하코네箱根에는 여러 관광 명소가 있는데, 그 중 한 곳이 오와쿠다니大涌谷다. 고산지대인 이곳은 약 3,000년 전 대규모의 수증기 폭발로 생긴 화구火口다. 로프웨이에서 내리면 유황 냄새가 코를 찌른다. 이곳저곳에서 부글부글 끓어오르는 열탕과 수증기를 볼 수 있다.

이곳에서는 사람들이 삼삼오오 둘러앉아 호호 불어가며 '구로타마고黑卵(검은 달걀)'를 먹는다. 펄펄 끓는 유황물에 담가 새카맣게 된 달걀은 작은 포탄처럼 보인다. 그 맛은 삶은 달걀과 별반 다르지 않다. 하지만 구로타마고를 먹으면 수명이 7년 더 길어진다는 이야기가 있기에 관광객들은 '5개에 500엔'이라는 달걀치고 꽤 비싼 가격을 아낌없이 지불한다. 사실 달걀은 어디에든 있다. 그러나 이곳의 검은 달걀은 '먹으면 장수한다'라는 이야기와 연관되어 독특하고 이색적인 것으로 탈바꿈되었다.

'합격 사과' 역시 마찬가지다. 일본의 대표적인 사과 생산지인 아오모리현에서 안타까운 일이 벌어졌다. 한 해 농사를 마무리하고 수확을 앞둔 때 태풍이 불어와 거의 대부분의 사과가 익기도 전에 땅에 떨어져버렸다. 그러나 이런 절망적인 상황에도 희망의 끈을 놓지 않았던 한 농부가 아이디어를 제시했다. 아직 남아 있는 사과들은 '풍속 53.9미터의 강풍에도 절대 떨어지지 않는 사과'이니, 행운과 합격을 가져다준다고 말이다. 우리나라만큼이나 대학 입시가 치열한 일본에서 사람들은 큰 관심을 보였고, 너도나도 이 사과를 사려고 했다. 사과의 가격은 10배까지 치솟았고, 아오모리현에 있는 농가들도 손실을 만회할 정도의 수익을 얻을 수 있었다.

이야기는 상품 판매에도 힘을 더한다. '중고나라 운동기구'는 간략하고 핵심적이며, '구로타마고'와 '사과'는 장수와 합격 본능을 자극해 감동을 주었다. 그래서 사람들은 관심을 보이고 지갑을 연다. 이야기가 없었다면 이런 결과는 없었을 것이다.

서점에 들어가려면 돈을 내야 하는 곳이 있다. 2012년 론리플래닛Lonely Planet이 세계에서 가장 아름다운 서점으로 선정한 포르투갈의 '렐루 서점Lello Bookstore'이다. 옆 건물에서 티켓을 구입하고 줄을 서야만 이 서점에 입장이 가능하다. 4유로의 입장료는 나중에 책을 구입할 때 할인해준다. 내부의 스테인드글라스와 유선형 계단, 난간은 무척 아름답다. 조앤 롤링Joan K. Rowling이 포르투갈에서 영어 강사를 할 때 이 서점에서 소설의 영감을 받았다고 알려져 있다. 이런 이야기 때문에 관광객들은 오늘도 서점

앞에 긴 줄을 선다.

이야기는 강연에서도 빛을 발한다. 이정록 시인이 중학교 1학년을 대상으로 강연하러 왔다. 강연자가 유명한 시인인데도 아이들은 집중하지 않았다. 시인은 고등학교 국어 교사였기에 아이들의 성향을 잘 파악하고 있었다. 그랬기에 시와 문학 이야기는 제쳐두고 자신의 학창 시절 이야기를 들려주었다. 남들보다 두 해나 먼저 학교를 들어간 탓에 친구들에게 왕따를 당해 울었다고 한다. 아들의 교련복을 사기 위해 철 지난 배추와 무를 팔러가는 어머니를 모른 척했던 부끄러운 소년이었다고 한다. 시인의 학창 시절 이야기에 마음이 열린 아이들은 이어지는 시인의 문학 이야기와 시 이야기에 귀 기울이기 시작했다.

시인이 학창 시절 이야기를 풀어내지 않았다면 아이들은 강연을 귀담아 듣지 않았을 것이다. 시인은 이야기를 통해 아이들이 관심을 갖고 느끼며 깨우치게 도와주었다. 교육은 일방통행이 아니다. 한 개인의 고민이나 문제의식이 아니라 많은 사람이 함께 지닌 생각과 느낌을 가지고 이야기를 나눌 수 있어야 한다.

책, 영화, 인터넷 등 여러 분야에서 전달하려는 내용을 이야기로 재미있게 전하는 사람들을 '스토리텔러'라고 부른다. 스토리텔러가 만들어낸 이야기는 문화산업을 이끌어가는 핵심 역할을 한다. 뛰어난 스토리텔러들은 대부분 어려서부터 많은 이야기를 접했다. 말 잘하는 강사부터 유명 정치인, 베스트셀러 작가, 전도유망한 텔레비전 프로듀서, 광고 제작자 등을 떠올려 보면 이들의 보물창고에는 책이 가득했다. 미국이 자랑하는 IT 기업 37시그널37signals 창업자 제이슨 프리드Jason Fried는 이렇게 주문한다.

"이왕 인력을 고용할 거라면 최고의 작가를 채용하라. 마케팅, 판매, 디자인, 프로그램, 그 어떤 자리에서도 글 쓰는 기술은 빛을 발한다. 명쾌하게 글을 쓰는 사람은 명료한 사고, 커뮤니케이션 능력, 공감 능력, 불필요한 것을 빼는 편집 능력이 뛰어나다."

물건을 파는 데에도 이야기가 필요한 시대다. 우리가 팔아야 하는 건 물건만이 아니다. 자신의 지식과 재능도 팔아야 한다. 물론 '판다'라는 표현이 조금 어색할 수도 있다. 하지만 사전적 의미이든, 비유적 의미이든 우리는 시간과 노동을 누군가에게 팔며 살아가야 한다. 그리고 이를 세련되고 효과적으로 남에게 보여주기 위해서는 '글'의 도움을 받아야 한다. 글쓰기가 우리에게 필요한 또 하나의 이유다.

정답을 찾는
교육

"선생님, 책 쓰셨다면서요? 와, 저도 책 쓰고 싶어요."

『세상이 멈춘 시간, 11시 2분』이 나왔을 때다. 저자 사인을 해서 아이들한테 한 권씩 선물로 주었더니 신기한 듯 이것저것 물어본다. "책은 언제 써요?"(틈틈이), "글쓰기 어렵지 않아요?"(쉽게 쓰는 게 능력이지), "돈은 많이 벌어요?"(아니) 등. 그러면서 결론은 대체로 한결같았다. 자기도 글을 쓰고 싶은데 어떻게 쓰면 되냐는 것이다.

아이들은 책을 쓰고 싶어 한다. 어른들도 버킷 리스트에 책 한 권 내기가 적혀 있는 경우도 많다. 실제 학교 현장에서도 글에 대한 요구는 높다. 대구교육청에서는 학생 저자 10만 명 양성을 목표로 글쓰기를 지원하고 있다. 다른 지역 교육청에서도 글쓰기 동아리를 지도하는 교사들을 지원하고 있다. 의욕적으로 시도해보고 싶지만 학교에서 글쓰기를 하는 데에는 몇 가지 어려움이 따른다.

일단 학교에 글을 써본 교사는 많지 않다. 어떤 열정 넘치는 교사가 아이들에게 글쓰기를 가르쳐보겠다고 나서는 것도 학교 분위기에서는 쉬운 일이 아니다. 30명 가까운 아이의 글을 읽고 피드백하는 건 교사 개인에게 큰 부담이다.

두 번째는 수업의 문제다. 초등학교나 중학교에서는 그래도 선생님들 개개인의 노력으로 글쓰기 수업이 이루어지기도 한다. 하지만 고등학교에 오는 순간 상황이 달라진다. 우리나라에서는 고등학교를 대입을 위한 관문으로 생각하는 경우가 많다. 그래서 수업 시간에 수능 대비 고전문학 문제풀이를 하면 칭찬받을 일이지만, 글쓰기를 한다면 현실과 동떨어진 교사가 되고 만다. 자기소개서 쓰기가 아니면 수능에 직접 도움이 되지 않는다. 논술 수업도 진행하기 어렵다. 이런 상황에서 무리하게 글쓰기를 시도할 교사는 없다.

세 번째는 가장 본질적인 것인데, 글쓰기는 가르칠 수 없다. 물론 교과서에는 글쓰기 단원이 있다. 그리고 어느 정도는 배움을 통해 글 쓰는 실력이 늘게 된다. 특히 맞춤법, 부적절한 어휘 사용, 문장의 호응 등 문법적인 부분은 배울수록 성장한다. 하지만 맞춤법에 맞는 문장을 쓰는 것이 글쓰기의 본질은 아니다. 그보다는 자신의 생각, 더 나아가 자기 삶을 정성껏 녹여내기 위해 글을 쓴다. 그 과정을 교사가 완벽하게 가르칠 수는 없다.

글쓰기 실력은 '가르친다'보다는 '기른다'는 표현이 적합하다. 글쓰기 실력은 글을 끊임없이 써보고 지우고 다시 쓰는 과정을 통해 발전하는데, 이는 철저하게 개인의 몫이다. 아이에게 읽을 만한 책을 소개하고, 동기를 부여하며, 기회를 주는 것이 최고의 글쓰기 코칭법이다. 이 일은 부모도 가능하며, 오히려 부모가 교사보다 나을 수도 있다.

혹시나 평가는 어떻게 해야 하냐고 물을 수 있다. 우리가 흔히 생각하듯, 빨간색 볼펜을 들고 여러 가지 교정 부호를 사용해 글을 '수정'해야 하지 않느냐고 말이다. 하지만 그것은 결코 바람직하지 않다. 내가 쓴 글이 빨간색으로 난도질되어 있다면 어떨까? 이는 글쓰기에 대한 아이의 흥미와 관심을 떨어뜨릴 가능성이 높다. 앞으로 아이는 글을 쓸 때마다 빨간색을 떠올릴 테니까. 그렇지만 피드백을 하고 싶다면 글에서 인상 깊었던 점 등을 말하는 것이 좋다. 잔소리는 줄이고 칭찬을 듬뿍 해야 한다. 그

것으로 충분하다. 글쓰기에서 최고의 피드백은 남이 아닌 내가 느끼고 깨닫는 것이다.

신문을 꾸준히 읽다 보면 도움이 된다는 이야기를 자주 한다. 2018년 수능 국어 영역 지문이 어려웠다. 한국은행 직원도 고심하면서 풀었다는 문제까지 있었다. 많은 사람이 국어는 단기간에 점수를 올리는 게 쉽지 않다는 사실을 알고 있다. 내 아이에게도 신문을 권하는데 내 바람과는 달리 아이가 관심을 보이는 건 만평이다. 그런데 이 만평을 보면 다른 만화들과는 다르게 바로 이해할 수 없다. 최근 논란거리가 되고 있는 기사의 내용을 알아야 만화에서 풍자하고 있는 내용이 무엇인지 알게 된다.

내 아이는 또래보다 책을 많이 읽어서 배경지식이 많을 거라고 생각해도 아직 초등학생이다. 중학생이 된다고 해서 만평을 이해할 수 있는 건 아니다. 학교 현장에서 토론 수업의 중요성을 이야기하고 수업을 하면 벽에 부딪칠 때가 많다. 토론을 하는 당사자들이 준비를 많이 해야 한다. 그렇지 않으면 서로 자기 이야기만 반복하다가 끝나고 만다. 신문도 읽고, 관련 분야의 독서도 해야 폭넓은 이야기가 나온다. 이런 준비 없이 토론을 하면 자신의 주장만 하다가 별다른 성과 없이 끝닌다.

초등학생은 글쓰기가 재미있다고 느끼는 게 무엇보다 중요하다. 성장 시기에 따라 글쓰기 종류도 달라져야 한다. 중학교 때는 자신이 배운 지식을 자신의 말로 표현할 수 있어야 한다. 교과 시간에 배운 용어나 내용을 자신이 이해한 말로 표현해야 제대로 배웠다고 할 수 있다. 고등학교 때는 사회현상을 보고 자신의 생각을 드러내며, 그 사회현상을 제대로 이해하기 위한 이론도 배워야 한다.

EBS 다큐프라임에서 IB 교육에 대해 방송했다. IBInternational Baccalaureate는 스위스에 있는 비영리 공적 교육재단 '국제 바칼로레아 기구IBO'가 주관하는 시험이다. 원래는 외교관과 상사 주재원 자녀 등을 위한 시험으로 개발되었는데, 현재는 146개국 3,700여 개 학교에서 100만 명 이상의 학생이 프로그램을 이수하고 있다. 유럽의 여러 나라는 IB를 오랫동안 대입시험으로 활용해왔다. 2013년에는 아시아 최초로 일본도 협정을 체결하고, 2015년 1월에 IB를 공교육에 도입하는 방안을 발표했다.

창의성을 키우기 위해 교과 간 융합 수업을 한들, 평가가 5지선다라면 아무런 소용이 없다. 수업이 바뀌면 평가도 바뀌어야 한다는 필요성 때문에 IB 교육과 같은 혁신적인 평가 방법이 후보로 논의되고 있다. 다음은 IBO가 시험문항 예시로 공개한 역사 문제다. "한 국가를 예로 들어 산업화가 삶의 수준과 근로 조건에 미친 영향을 분석하시오." 객관식에 익숙한 우리 아이들에게는 어렵게 느껴지는 문제다. 이 제도를 도입하는 것에 대해 현직 교사들은 '공정성 논란', '준비 부족', '시기상조'라고 주장한다. 5지 선다처럼 정답이 없기에 분명 어려움은 많을 것이다.

하지만 우리는 세상을 살아가며 정답 없는 문제와 무수히 맞닥뜨린다. 최저임금을 얼마로 설정한 것인지, 양성평등을 어떤 방식으로 구현할 것인지, 출산율 저하와 고령화에 어떻게 대처할 것인지 등 정답이 정해진 문제는 보기 힘들다. 세상은 '예, 아니오'로 대답하기엔 너무나 복잡하다. 그렇기에 문제에 접근하는 논리력과 사고력이 필요한 것이다.

정답을 찾는 교육에서 벗어나 생각하는 힘을 기르고, 그것을 표현하는 글쓰기 실력을 기르기 위해 노력한 아이는 이런 시험에서 유리할 것이다. 하지만 아무리 좋은 제도를 그대로 옮겨 놓아도 한국에서는 실패할 확률이 높다. 제도 변화는 총체적인 인식의 개선이 필요한 일이기 때문이다. 암기보다 사고력과 창의력을 키워야 하는 교육이 절실한 때다.

책은
명함이다

덕질이 인정받는 시대다. 인정받기 위해서는 다른 사람에게 자신의 재능을 알릴 수 있는 기회가 있어야 하는데, 그것은 글쓰기를 통해 가능하다. 글 쓰는 검사, 글 쓰는 대리운전 기사, 글 쓰는 의사를 통해 우리는 직업 세계의 생생한 모습을 엿볼 수 있다. 작가가 대상자를 인터뷰하고 쓰는 글과는 다른 맛이 있다. 우리는 직접 현장을 체험한 사람의 생생한 목소리를 들을 수 있다. 그리고 그 사람들의 생각에 공감할 수 있다.

다른 사람에게 자신을 소개하기 위해 명함을 건넨다. 책 쓰기는 나를 알리는 명함이 되고, 나만의 콘텐츠가 된다. 고등학생 신분으로 홀로 여행하며 찍은 사진과 글을 블로그에 올리고 출판사의 제안을 받아 『우물 밖 여고생』이라는 책을 쓴 주인공이 있다. 책이 베스트셀러가 되자 블로그 방문자가 계속 늘어 두 번째 책 『스무 살은 처음이라』까지 출간하게 되었다.

한창 공부할 나이에 공부 안 하고 여행 다닌다며 곱지 않은 시선을 보내는 사람들도 있었지만, 대다수의 사람은 소녀의 글과 사진을 보며 위로받고 고등학생이 누릴 행복에 대해 고민하게 되었다고 한다. 학교 성적에 울고 웃는 대한민국 평범한 인문계 고등학생의 삶을 살지만, 그 속에서도 훌쩍 떠날 수 있는 용기를 가진 당찬 소녀의 모습에 웃음이 난다.

세상에는 실력자들이 차고 넘친다. 내가 한 분야의 실력자라고 하더라도 세상에 알리지 않으면 세상은 나를 알아주지 않는다. 나를 세상에 알리는 방법은 무엇이 있을까? 텔레비전에 나와서 나를 소개한다면 짧은 시간에 많은 인지도를 얻게 될 것이다. 시청률이 높은 프로그램이라면 더욱 좋을 것이다. MBC〈무한도전〉에 출연해 많은 시청자에게 역사를 재미있게 알린 설민석 강사는 역사 전공자가 아니다. 하지만 전달력이 뛰어나서 역사 강의를 듣기 위해 그를 찾는 사람이 많아졌고, 그 뒤에 출간한 역사서들도 오랜 기간 베스트셀러 목록에 오를 수 있었다.

책 쓰기 열풍은 인생의 돌파구를 찾기 위해 어른들이 열중하는 분야이기도 하다. 내 아이는 EBS 〈세상에 나쁜 개는 없다〉라는 프로그램을 좋아한다. '비염이 있어서 집에서 개를 키울 수 없다, 맞벌이 가족이기 때문에 개를 키울 수 없다, 집을 자주 청소할 수 있는 상황이 아니기 때문에 개를 키울 수 없다!' 우리 집은 개를 키울 수 없기에 아이는 텔레비전에 나오는 개들을 보면서 만족할 수밖에 없었다.

개를 키우는 가정에서는 반려견의 문제 행동들 때문에 고민이 있다. 이 고민을 해결해주는 강형욱 훈련사를 보면서 고민의 무게가 덜어졌을 것이다. 서점에 갔다가 베스트셀러 코너에 강형욱 훈련사가 쓴 책을 보고 아이가 구입해왔다. 유명해져서 책을 쓴 경우도 있지만 책을 쓰고 유명해진 경우도 있다. 책을 쓸 정도이니 그 분야에 대해 아는 것이 많을 거라고 생각할 수 있다. 그렇다고 해도 모든 사람이 책을 쓰는 건 아니다. "대단하다. 어떻게 책을 쓸 생각을 다 했니?", "얼마나 벌어?" 정도의 질문으로 끝나고 자신이 책을 쓸 생각을 하는 사람은 많지 않다.

취미에 빠져 있는 중학생과 고등학생이 많다. 그들이 책을 써서 그 내용을 공개해준다면 또래 아이들도 자극받을 수 있지 않을까? 화장에 관심 있는 아이의 미래를 걱정하지 말고, 청소년 화장에 대한 글을 쓰도록 알려주는 것이 낫다고 말한다. 화장하는 사람은 많지만, 그것을 책으로 쓸 수 있는 사람은 많지 않다고. 소방관이 되고 싶다는 아이에게도 글쓰기 실력을 키워야 한다고 말한다. 소방관이 얼마나 위대한 직업이며, 그들을 위해 얼마나 많은 지원을 해야 하는지를 글로 쓰면 얼마나 좋을까? 자기 분야의 일을 글로 쓸 수 있어야 한다. 그렇게 해야 사람들은 다양한 목소리를 들을 수 있게 된다.

도서관의 중요성을 생각해서 우리는 도서관 옆집으로 이사를 갔다. 전국에 도서관이 많이 있지만, 그 중요성을 제대로 알지 못하는 사람들이 있다. 하지만 우리 가족이 그들과 다른 점은 우리의 소소한 일상을 책으로 써서 다른 사람들에게 알렸다는 것이다. 『도서관 옆집에서 살기』를 출간하고 여러 지역에 강연을 다녔다. 가장 멀리 갔던 곳은 부산이다. 부산시 연제구에서 '올해의 책'으로 선정되어 강연을 하기도 했다.

아이들이 자신의 스토리를 쌓는 방법이 중요하다고 하지만 구체적으로 '어떻게'가 중요하다. 궁금한 게 생기면 일단 검색이 아니라 도서관으로 달려가는 태도가 중요하다. 그곳에는 다양한 책이 있다. 공부를 하며 알게 된 내용을 사람들에게 전하는 좋은 방법이 글쓰기다.

많은 사람이 자신의 책을 출간하고 있다. 책을 쓰면 자신의 분야에서 전문성을 높이고 이와 관련된 사람들과 만날 수 있다. 출판 후에는 강연을 하거나 원고 청탁을 받을 수도 있다. 앞으로는 나만의 영역을 구축한 다음에 그 노력의 결과를 책으로 써야 한다. 그래야 나만의 경력과 스토리가 만들어진다. 책이 사람의 명함이 되는 시대다.

남편은 『십대를 위한 고전문학 사랑방』을 썼다. 시험 지문으로만 고전문학을 대하는 아이들이 고전古典에서 고전苦戰하는 것을 보고, 재미있게 설명하려고 책을 쓴 것이다. 원고는 재미있었다. 고등학교 배정이 끝난 중학교 3학년을 대상으로 책 일부를 읽게 하고, 연합고사 문제를 풀게 했더니 쉽고도 재미있다는 반응을 보였다. 그러고 나서 『애들아! 삶은 고전이란다』를 쓰고, 중학 · 고교 『독서평설』에도 고전 평설을 연재했다. 또 아이들을 위한 인문학 고전문학 시리즈도 계속 출간했다. 한 권의 책이 다른 책들을 출간하는 데 밑거름이 되어준 것이다. 책을 쓰지 않았다면 생기지 않았을 변화들이다.

'책 읽어주는 여자'로 불리는 방송인 김소영. MBC에서 방송 출연 금지 10개월이 되던 때 퇴사를 결심하고, 미래가 보장되지 않은 세상으로 나섰다. 도쿄 책방 여행을 하고 돌아와 서울 당인리에 서점을 냈다. 그리고 그 과정을 『진작 할 걸 그랬어』라는 책으로 출간했다. 좋아하는 일을 찾은 것이다.

『박물관에서 공룡을 만나다』를 쓴 저자는 대전지질박물관에서 '전시해설사'로 봉사활동을 하면서 공룡에 대한 많은 질문을 받고, 그 대답을 책으로 엮어냈다. 질문자는 유치원생부터 어른까지 다양했다. 이 책의 저자는 고생물학자를 꿈꾸는 고등학생이다. 그 분야의 전문가라서 책을 내는 시대는 지났다. 책을 쓰면서 그 분야의 지식을 알게 되는 경우가 많다. 아이들이 책 쓰기에 도전하는 이유도 마찬가지다. 호기심이 생긴 분야를 알기 위해 관련 책을 읽고, 연구한 결과를 모아 책을 내면 작가가 될 수 있다. 글쓰기는 많은 사람에게 자신의 능력에 날개를 달아주는 일이 될 것이다. 자신만의 스토리를 쌓을 수 있는 방법은 바로 글쓰기다.

학교에서
배울 수 없는 것

대학교 때 읽은 단편소설의 한 구절이 떠오른다. 요즘은 EBS 수능 특강 지문에 수록되어 고등학생들이 배우고 있는 서정인의 「강」이다.

"하나의 천재가 열등생으로 변모해가는 과정들이 하나씩 떠오른다. 너는 아마도 너희 학교의 천재일 테지. 중학교에 가선 수재가 되고, 고등학교에 가선 우등생이 된다. 대학에 가선 보통이다가 차츰 열등생이 되어서 세상으로 나온다. 결국 이 열등생이 되기 위해서 꾸준히 고생해온 셈이다."

초등학교 때는 등수가 나오지 않는다. 자신의 반에서 위치를 모르기 때문에 아이들은 자신감이 넘친다. 뭐라도 다 할 수 있다고 생각한다. 하지만 중학교에 가면 상황이 달라진다. 아이들이 잘하는 것이 무엇인지 중요하지 않다. 특정 과목의 점수로 아이들을 한 줄로 세운다. 그 과정에서 충격을 받아 공부에서 멀어지는 아이가 많다.

'잘하고 싶지만 잘할 수 있는 게 없는' 곳에서 아이들은 무기력하게 하루를 보낸다. 학교는 아이들이 배움의 기쁨을 느끼며 성장하고, 자신의 꿈과 끼를 찾아주는 공간이 되어야 한다. 중학생이나 고등학생 자녀를 둔 학부모 중에 현재 학교가 그런 역할을 충분히 해내고 있다고 생각하는 학부모는 얼마나 될까?

학교는 공부와 독서를 분리시켰다. '책 보지 말고 공부해'라는 말이 보여주듯 학교에서 독서는 공부가 아니다. 학교 교육에서 독서는 논술을 위한 보조 수단이고, 학교생활기록부의 독서활동 기록을 위한 것이다. 실제로는 아이가 10권을 읽든 100권을 읽든 입시에 별반 차이가 없다.

그러나 다산 정약용이 말했듯이 독서는 '세상을 경륜經綸하는 것은 물론 귀신과 통하고 우주를 지탱하는' 위대한 공부다. 이것만 있으면 세상에 두려울 것이 없다. 이 세상의 모든 책이 내 인생의 자산이 될 테니까 말이다.

　미래 사회의 인재를 키우는 일은 국가에서 나서야 한다. '창의융합형 인재 양성'을 위해 2015년 개정 교육과정에서는 "인문학적 상상력과 과학적 창조력을 갖추고 바른 인성을 겸비한다. 새로운 지식을 창조하고 다양한 지식을 융합하여 새로운 가치를 창출한다"를 강조하고 있다. 단순히 교과서를 외우거나 교사의 수업 내용만 필기해서는 창의융합형 인재로 기를 수 없다. 현재 학교 교육에서 엄청난 혁신 없이도 창의융합형 인재 양성을 위해 할 수 있는 일이 바로 글쓰기 능력 향상을 위한 수업 방법 개선이다. 지식을 암기하는 것에서 벗어나 아이들의 관심사를 탐구하는 경험을 교육 과정 속에 담아야 한다.

　부모들은 학창시절 글쓰기에 대해 어떤 생각을 갖고 있을까? 원고지에 빨간 펜으로 교정되어 있는 자신의 글을 보면서 역시 글쓰기에 소질 없음을 알게 되었을까? 나는 초등학교 때 일기에 학급 임원이 되어 엄마가 속상해하셨다는 이야기를 썼다. 당시 엄마는 몸이 아프셨고, 내가 임원을 하면 학교 일에 참여하기 어려우니 앞으로는 안 했으면 좋겠다고 말씀하셨다. 나는 임원이 되었는데, 오히려 엄마의 마음을 불편하게 했다는 생각에 속이 상해서 그 마음을 그대로 일기에 썼다. 그 일기를 읽으신 담임 선생님은 나를 조용히 불러서 엄마가 학교 일은 신경 안 쓰셔도 된다고 전해달라고 하셨다. 이 일을 겪고, 앞으로는 솔직하게 일기를 써서 좋을 것이 없다는 생각을 했다. 내 일기는 속마음을 쓰는 일기와 학교 검사를 위한 일기로 나뉘었다.

중학교 때는 환경 보호, 세금 등 논설문과 낙엽, 가을 등의 주제로 백일장 글쓰기를 했다. 글을 잘 쓰는 친구들은 상을 받았지만, 나머지 아이들은 자신이 쓴 글에 대해 피드백을 받은 적이 드물었다. 학급 문집에 대상을 받은 친구의 글은 내가 썼던 글과는 차원이 다르게 비유적인 표현이 많았다. 고등학교 이후로 가장 어려운 글쓰기는 자기소개서 쓰기였다. 대학교와 회사에 들어가기 위해 자기소개서를 써야 했는데, 어려웠고 많이 고쳐야만 했다.

대학교에서 국어교육을 전공했지만, 글쓰기와 관련된 수업을 들은 적은 없다. 주로 문법, 문학, 교육학 이론 수업을 들었다. 제대로 글쓰기를 배우지 못한 내가 중학교에서 글쓰기를 아이들에게 가르친다. 학교에서는 글쓰기를 제대로 가르치지 않는다. 국어 교과서에 글쓰기 방법에 대해 배우는 단원이 있지만, 시험을 위한 공부에 지나지 않는다. 진짜 글쓰기를 위한 시간은 부족했다. 글쓰기를 하더라도 이런 문제가 생긴다.

"나는 이런 어른 글 흉내내기로 시작하는 글쓰기 지도는 아주 잘못이라고 본다. 아이들에게 자기 스스로 보고 듣고 생각한 것, 행한 것을 쓰게 해야 한다. 그래야 살아 있는 글이 된다. 어른들이 쓴 글을 모방하고, 삶에서 멀어지고 머리로 글을 짓는 행위가 잘못되었다고 지은이는 강하게 주장한다. 아이들이 삶을 가꿀 수 있는 글쓰기를 하도록 지도해야 한다는 이야기가 인상적이다."

아이들의 살아 있는 글쓰기 교육을 강조한 이오덕 선생님의 『이오덕의 글쓰기』에 나오는 말이다. 아이들이 배우는 교과서에는 아주 잘 쓴 글들이 나온다. 소설을 배울 때는 유명 소설가의 작품을, 시를 배울 때는 명시를 배운다. 이런 작품을 모방하면서 글쓰기를 시작한다. 잘 쓴 글처럼 써야 한다는 생각에 어깨에 힘이 들어가면 글이 어려워진다. 모든 사람이 소설가나 시인처럼 글을 쓸 수 없다.

우리는 자신의 생각과 감정을 표현하기 위해 언어를 사용한다. 한국어를 사용해 자신의 생각과 감정을 잘 전달할 수 있다면 그래서 나의 생각을 다른 사람에게 전달할 수 있는 글쓰기면 충분하다. 이런 훈련을 아이들이 많이 받아야 한다. 그런데 아이들이 갖고 있는 능력이 다르기 때문에 모든 아이에게 똑같이 하는 것은 쉽지 않지만 말이다. 수준이 다른 아이들에게 교사가 열정을 쏟으며 가르칠 여력이 없는 현실이다.

『살아갈 힘』이라는 책에서 저자인 덴게 시로天外伺朗는 학력붕괴의 시대에 부모가 아이들에게 꼭 물려주어야 할 것은 '살아갈 힘'이라고 말한다. 그는 살아갈 힘을 키워준다는 것은 시험에서 좋은 점수를 받도록 훈련시키는 것이 아니라, 두 발로 대지를 단단히 딛고 서서 자신의 존재를 긍정하고 자아실현에 도전하는 아이로 키우는 것이라고 말한다. 글을 쓰는 능력을 키우는 것이 아이들이 세상을 살아가는 힘을 키우는 것이 아닐까?

돈이 되는
글쓰기

저녁을 먹던 남편이 "유시민 작가가 1년에 인세로 얼마가 들어오는지 알아?"라고 물었다. 나는 모른다고 말했다. 그러자 남편은 "인터넷에서 떠도는 이야기라서 정확하진 않을 수도 있는데, 5억 원이래"라고 말했다. 저녁을 먹고 있던 나는 입이 다물어지지 않았다. 어른 대상 강의를 할 때는 책을 쓰면 얼마를 버는지 궁금하지 않느냐고 질문을 하면서 대략적인 금액을 이야기한다. 인세, 강연료, 원고 집필료, 출연료 등을 말한다. 내 이야기를 들었을 때 청중의 태도는 달라진다. '독서하세요', '글쓰기를 하세요'라고 막연하게 이야기를 하면 귀에 들어오지 않는다. 그런데 내가 구체적인 금액을 말하면 글쓰기 욕구가 생기고 강연 내용이 귀에 쏙 들어오는 것 같다.

유대인 부모들은 아이들이 집에 오면 오늘 '가장 잘한 일'과 '가장 잘못한 일'을 물어본다고 한다. 또 왜 그렇게 생각하는지 물어본다고 한다. 그러다 보면 아이들은 왜 질문을 해야 하고, 고민해야 하는지 깨닫게 된다. 특히 실수를 했다면, 어디에서 잘못되었는지 계속 물어본다. 실수를 통해 얻은 지식은 잊기 어렵다. 유대인들은 자녀들이 현실감을 기르도록 일찍부터 경제 교육을 시킨다고 한다. 하지만 나는 아이들에게 너무 일찍 돈에 대해 알려주어도 되는지 의문스럽다. 폴 빌리어드Paul Villiard가 쓴 『이해의 선물』이 떠오르기 때문이다.

주인공은 4세 때 엄마와 함께 '위그든 씨의 사탕가게'에서 맛있는 사탕을 골랐던 기억이 있다. 돈에 대해 잘 몰랐던 주인공은 사탕을 살 때 엄마가 반짝이는 무언가를 위그든 씨에게 건넸다는 기억을 떠올린다. 주인공은 혼자 사탕가게를 찾아가 먹고 싶은 사탕을 고르고 은박지로 감싼 버찌씨를 내밀었다. 당황한 위그든 씨는 잠시 고민하다가 돈이 좀 남는다면서 거스름돈까지 주인공에게 준다.

세월이 흘러 어른이 된 주인공은 관상용 물고기를 파는 일을 한다. 어느 날 주인공에게 꼬마 남자아이가 동생과 함께 찾아와 물고기를 고르고 너무 적은 액수의 돈을 내민다. 비로소 주인공은 위그든 씨가 처했던 어려움을 이해하게 된다. 자신이 어릴 때 위그든 씨가 그랬던 것처럼 주인공도 아이들에게 물고기를 선물하고 거스름돈까지 챙겨주었다는 마음 따뜻해지는 이야기다.

시험이 끝났거나 학기가 끝날 무렵에 여유가 생긴다. 이때 아이들에게 글쓰기나 독서를 해야 한다고 이야기한다. 막상 이것을 행동으로 옮기게 하려면 약발이 센 이야기를 해야 한다. '글쓰기는 창의력과 사고력, 미래 사회를 살아가는 힘을 길러주는 수단이다'와 같은 말은 전혀 먹혀들지 않는다. 동기부여가 되지 않는 아이들에게는 독서와 글쓰기를 왜 해야 하는지 구체적으로 설명해야 한다. 그래야 한 자라도 쓰고, 한 권이라도 더 읽으려고 한다. 여러 번의 시행착오 끝에 어른들한테 했던 것처럼 글쓰기의 이점을 설명한다. 아이들이 졸린 눈을 비비면서 듣는다. 가끔은 너무 없어 보이는 설명인가 싶지만 현실적인 방법이라는 생각도 한다.

2016년 8월에 출간된 『언어의 온도』는 평범한 일상에서 건진 삶의 성찰을 담은 에세이다. 출간 후에는 주목받지 못하다가 입소문을 타서 베스트셀러에 오른 책이다. 이 책은 2018년 4월에 100만 부를 넘어섰고 지금도 베스트셀러에 자리하고 있다. 작가는 인세뿐 아니라 강연료도 받는다고 한다.

　이지성 작가도 빼놓지 않고 아이들에게 말한다. 아이들도 『꿈꾸는 다락방』을 통해 작가의 이름을 알고 있다. 이지성 작가는 아버지가 빚보증을 잘 못 서서 가족이 빚더미 위에 올랐다고 한다. 이 문제를 해결하기 위해 그가 선택한 방법은 베스트셀러 작가가 되는 것이었다. 결국 그는 성공했고, 빚도 청산했다.

　빛이 있으면 그늘도 있다. 모든 문학인이 돈을 버는 것은 아니다. 어느 조사에 따르면 문학인 평균연봉이 214만 원이라고 한다. 월급이 아니라 연봉이다. 그래도 책을 써서 받는 인세 외에 강연이나 기고의 기회도 있고, 영화화가 되면 판권을 팔아 수입도 얻을 수 있다. 웹소설을 써서 억대 연봉을 받는 작가가 100명도 넘는다고 한다.

　"도대체 얼마나 버나요?" 이 질문에 한 친절한 소설가가 얼마를 벌고, 어떻게 버는지 알려주는 책이 있다. 모리 히로시森博嗣가 쓴 『작가의 수지』다. 일본 나고야 국립대학 부교수로 일하던 모리 히로시는 나이 40세에 첫 소설을 썼다. 그의 취미는 프라모델 수집이다. 교수 월급으로는 사치스러운 취미라서 부업으로 시작한 일이 소설 쓰기였다. 19년간 278권의 책을 쓰고, 인세로 약 155억 원을 벌었다고 한다. 이름을 들어본 적도 없는 소설가인데 입이 다물어지지 않는다. 엄청난 선인세를 받는 무라카미 하루키村上春樹의 수입은 도대체 얼마나 될지 상상하기 어렵다.

　작가는 책을 쓰면 보통 얼마나 벌까? 계약 조건에 따라 다르지만, 책 가격의 10퍼센트를 인세로 받는다. 물론 출판사나 저자에 따라 다르다. 초판도 책의 종류에 따라 찍는 부수가 다르다. 요즘은 1,000~2,000부를 초판으로 찍는다. 평균적으로 책 한 권을 쓰면 저자에게는 약 200만 원이 들어온다. 물론 쇄를 거듭해서 찍으면 작가에게 들어오는 돈이 더 많아진다. 도서관에서 강연 요청이 들어오면 보통 30~50만 원을 받는다. 기업체는 그보다 훨씬 많다. 잡지나 신문에서도 기고 요청이 들어온다. 원고지 매수에 따라 금액은 차이가 난다.

　책 한 권을 쓴다고 대박이 나는 건 아니다. 독자와 만나지 못하고 창고에 재고로 쌓여 있는 책도 많다. 로또 1등에 당첨될 확률은 800만 분의 1이라고 한다. 번개 맞을 확률보다도 낮다. 인생 역전을 꿈꾸며 매주 로또를 사는 것보다는 독서와 글쓰기를 하는 것이 부자가 될 확률을 높게 만든다. 글쓰기는 자본금도 거의 들지 않는다. 노트북만 있으면 당장 시작할 수 있다.

　책 쓰기를 통해 벌어들이는 수입에 대해 이야기하면 한숨을 짓는 아이가 있다. 그 이유를 물으면 자기는 책 읽는 걸 싫어해서 독서와 담을 쌓았다고 말한다. 그럴 땐 또 적당한 예를 든다. 학습에서 가장 중요한 건 아이 눈높이에 맞는 예다. 중학교 아이들은 초등학교 때 자기는 책을 한 권도 읽지 않았다고 말하는 경우도 있다. 그럴 때에도 말한다. 늦지 않았다고 말이다.

판매부수 110만 부를 기록한『지적 대화를 위한 넓고 얕은 지식』을 쓴 채사장이 이럴 때 적절한 사례다. 현재 그는 글쓰기와 강연을 통해 인문학을 알리는 일을 하고 있다. 책과 동명의 팟캐스트 '지대넓얕'은 장기간 팟캐스트 순위 1위를 기록했다. 처음부터 채사장이 책을 많이 읽은 건 아니었다고 고백한다. 그는 고등학교 2학년 겨울방학 때 종일 방 안에 누워 있다가 태어나서 책을 한 권도 읽지 않았다는 생각에 누나의 책장 앞에서 멋져 보일 책을 뒤적이다가 도스토옙스키의『죄와 벌』을 읽기 시작했다. 마지막 책장을 덮으면서 처음으로 삶에 대해 생각했고, 그후 그의 삶은 달라졌다.

워런 버핏Warren Buffett은 "MBA 학생들이 배워야 할 단 한 가지는 의사소통의 기술이며, 그것은 글쓰기다"라고 말했다. 글쓰기는 타고나는 재능이 아니다. 노력에 따라 자신이 원하는 글을 쓸 수 있다.

읽고 쓰면
뇌가 달라진다

집 근처 도서관에서 장석주 시인의 강연이 열렸다. 「대추 한 알」이라는 시로 유명한 시인은 4만 권의 장서를 보유한 다독가다. 저자 강연회를 듣고 사인을 받는 취미가 있던 나는 평일 저녁 시간을 반납하고 강연회에 참석했다. 시인은 1년에 1,000권의 책을 구입하고, 500권의 책이 선물로 들어온다고 한다. 모두 더하면 무려 1,500권이다! 더 놀라운 사실은 그 책을 모두 읽는다는 것이었다.

"그렇게 책을 읽으면 어떻게 될 것 같아요?"

나를 포함한 청중들은 선뜻 대답을 하지 못했다. 장석주 시인은 말했다.

"뇌가 달라져요."

뇌가 달라진다고? 지금은 의료 기술의 발달로 외모도 마음대로 바꿀 수 있는 세상이다. 이제는 신의 영역으로 생각한 뇌를 나의 노력으로 바꿀 수 있다니 얼마나 멋진 일인가? 그러면서 재미있는 상상을 했다. 1교시 수학 시간에 수학 책을 읽고, 2교시 과학 시간에 과학 책을 읽고, 3교시 국어 시간에 소설을 읽으면 어떨까? 그렇게 12년의 학창시절을 보내면 읽는 데에 최적화된 뇌가 될 수 있지 않을까? 1만 시간의 법칙을 들어보았을 것이다. 하루 3시간씩 10년이면 우리 아이들의 뇌는 책을 읽는 데 최적화되도록 변화될 거라고 생각했다.

성석제의 『투명인간』을 읽었다. 그런데 며칠 뒤 주인공의 이름이 기억나지 않았다. 왠지 마음이 무거웠고, 뭔가를 기록하지 않은 것에 죄책감마저 느꼈다. 그런데 강연을 들으면서 마음이 편해졌다. 책 속 지식을 외우려고 노력하지 말라는 말 때문이었다. 책에 다 나와 있는데, 스마트폰으로 검색도 할 수 있는데, 기억하기 위해 스트레스를 받을 필요가 없다는 그 말에 안도가 되면서도, 또 다른 의문이 들었다. 그렇다면 기억하지도 못할 책을 무엇을 하려고 읽는단 말인가.

그것은 주체적으로 생각하기 위해서다. 학교에서는 독서의 중요성을 힘주어 말한다. 책을 읽지 않는 아이들에게 읽히기 위해 과목별로 다양한 분야의 책을 정해 독후감을 쓰도록 한다. 또 그것을 수행평가에 반영한다. 평가에 민감한 아이들은 독후감을 쓴다. 그러나 여기에는 천편일률적으로 줄거리가 요약되어 있다. 책을 읽고 잘 기억했는지 확인하기 위해 줄거리를 술술 말하던 어린 시절 기억이 그대로 남아 있기 때문이다. 독서록은 이 습관을 기록한 증명서와도 같았다.

사회는 변하고 있다. 이민주 교수의 『지금까지 없던 세상』에서는 미래에 로봇과 대화하고 같이 일하는 세상이 될 수 있다고 말한다. 예전에는 학교에서 열심히 공부하면 좋은 직장에 취직을 할 수 있었다. 그래서 교과서 내용을 외우고 시험을 잘 보기 위한 학습 독서가 중요했다. 그런데 앞으로 펼쳐질 세상에서는 지식만 많이 암기하는 게 의미 있을까? 원하는 지식은 손 안에 있는 스마트폰에 들어 있다. 독서를 통해 길러야 하는 능력은 글을 읽고 자신의 생각을 갖는 것이다. 컴퓨터의 정보처리 능력을 어떻게 인간이 따라갈 수 있겠는가? 그런데도 과거의 방식을 고집하며 아이들은 책 내용을 기억하기 위해 공부한다. 우리 사회의 일원으로 살아가야 할 아이들은 다가올 변화에 가장 먼저 촉각을 곤두세워야 하지 않을까?

그래서 필요한 것이 바로 '독서와 자기 생각을 갖기 위한 토론'이다. 요즘은 학교에서 토론 수업을 장려한다. '김 반장의 행동은 옳은 것이었나?'라는 주제로 양귀자의 『원미동 사람들』을 읽고 독서토론을 했다. 슈퍼마켓을 운영하는 김 반장은 어린 동생이 4명이나 있고, 실직한 부모와 80대 노모까지 부양해야 하는 처지였다. 게다가 얼마 전엔 차 사고가 나서 빚도 있었다. 그런 상황에서 같은 동네의 김포상회가 확장을 하며 자신의 가게와 같은 품목을 팔기 시작하자, 그곳과 출혈 경쟁을 벌인다.

김 반장의 행동에 대해 찬성과 반대로 의견을 나누었다. 자신의 생존을 위해 어쩔 수 없다는 찬성 측과 모두가 어려운 상황인데 서로 이해하면서 상생하는 방법을 찾아야 했다는 반대 측으로 아이들은 자신들의 생각을 이야기했다. 아마도 예전이라면 『원미동 사람들』을 읽고, 내용을 정리하는 것으로 수업을 마무리했을 것이다. 이제는 자신의 주장을 내세우고 근거를 찾으며 아이들의 생각도 한 뼘씩 성장한다.

일본 사람들이 기른다는 관상용 물고기 고이Koi는 작은 어항에서는 5~8센티미터가 자란다. 연못에서 기르면 15~25센티미터까지 자라고, 강에 방류하면 무려 1미터까지 자란다고 한다. 고이는 자신이 사는 환경에 맞게 DNA를 조정하는 똑똑한 물고기다. 마찬가지로 우리의 뇌도 독서에 최적화될 수 있다. 어떻게? 방법은 있다. 먼저 혼자 책을 읽을 수 없다면 독서 모임을 만들어보는 것이 좋다. 함께 책을 읽기는 힘이 세다. 백화현의 『도란도란 책모임』에는 친구들끼리 독서 모임을 만들어 같은 책을 읽고, 대화를 나누는 모습이 고스란히 나와 있다. 자발적인 독서 모임을 통해 함께 책을 읽고 대화를 나누는 것이 자연스러운 독서법이 될 것이다.

또 도서관 나들이를 자주 하는 것도 도움이 된다. 저녁 시간에 열리는 강연회에서 아이들의 모습을 찾기는 어려웠다. 시험 기간만 되면 자리 잡기 전쟁이 벌어지는 도서관의 모습은 낯설지 않다. 하지만 시험이 끝나면 아이들은 썰물처럼 빠져나간다. 운동을 하는 것보다 운동을 하러 나가는 것이 어렵다고들 한다. 마크 바우어라인Mark Bauerlein은 『가장 멍청한 세대』에서 독서는 운동과 같다고 했다. 매주 세 차례 체육관에 가서 운동하는 것은 활기를 북돋우지만, 한 달에 세 차례 간다면 고역스러운 일이 될 것이다.

마찬가지로 독서를 하는 빈도가 줄어들수록 어려운 과제가 된다. 당연하게 들리겠지만 책을 읽지 않을수록 책은 점점 읽을 수 없게 된다. 집에 있으면 책을 읽을 수 있는 분위기가 되지 않는다. 도서관이란 공간에서 책의 바다에 빠지는 경험을 자주 한다면, 그리고 다양한 사람들의 강연을 듣는다면 자연스럽게 책과 친구가 될 것이다.

"뿌리 깊은 나무는 바람에 아니 흔들리고, 꽃이 아름답고 열매가 많이 열린다."『용비어천가』의 한 부분이다. '읽음'에 최적화된 뇌를 만들기 위해서는 시간과 몰입이 필요하다. 몸의 근육을 만들기 위해 열심히 운동하는 것처럼 독서를 통해 뇌 근육을 단련시키는 건 어떨까? 성적이라는 열매를 맺기 위해서가 아니라, 내면의 뿌리를 깊고 단단하게 만들기 위해서 말이다. 우리 아이들이 좋아하는 책을 읽으면서 생각이 깊어지고, 뇌도 달라졌으면 좋겠다. 미래에는 '글쓰기 실력'이 중요해질 것이니까.

자존감을
회복하는 글쓰기

나는 상업고등학교를 다녔다. 국어 시간에 10분간 글을 쓰고 발표하는 활동을 했는데, 주제는 자유였다. 아이들이 발표한 내용은 주로 '환경을 보호하자', '바른 말을 하자' 이런 거였다. '라면은 해로운 것이 많으니까 자주 끓여먹지 말자'라는 내용도 기억난다. 그러자 국어 선생님께서 말씀하셨다.

"오늘 같은 날은 뜨끈한 라면 국물이 당기네. 똑같은 수업을 해도 반마다 특성이 있어. 2반은 무난한 발표를 해. 준비를 열심히 하는데 감동이 없어. 3반은 발표를 하면 그 아이들의 생활을 잘 알게 되고 친해져. 말썽을 부려도 그 행동을 이해하게 되더라."

수업이 끝나고 3반 반장을 만나러 갔다. "너희는 국어 시간에 발표를 어떻게 해?" 3반은 10개 반 중에서 제일 문제가 많다고 선생님들이 이야기하셨다. 지각생과 결석생도 다른 반에 비해 많았고, 수업 태도가 좋지 않아서 교과 선생님들과도 갈등이 있었다. 그런데 3반 아이들끼리는 엄청 결속이 잘 되었다. 그 이유는 국어 시간 발표와 관련이 있었다.

수업 태도가 나쁘다고 지적을 받았던 민주의 발표 차례였다. 민주는 술을 드시는 아빠에 대한 이야기를 들려주었다. 아빠의 술버릇 때문에 엄마는 민주가 중학생일 때 집을 나가셨다고 한다. 아빠가 술을 드시고 오는 날은 민주와 동생이 잠들지 못한다. 술상 앞에 앉아 엄마에 대한 욕과 끝없는 훈계를 들어야만 했다. 그런 날은 학교에 오면 수업 시간에 조는 일이 많았다고 한다.

그 발표를 듣고 3반 아이들은 함께 울었다고 한다. 민주가 불쌍했고, 아무런 이유도 모른 채 수업 시간에 조는 민주를 욕해서 미안하다고 말하는 아이들도 있었다. 그렇게 사연을 알고 나니, 민주의 행동을 이해하게 되었다는 것이다. 민주의 발표 후에 3반 아이들은 자신의 이야기를 용기내서 발표하기 시작했다. 자신의 숨기고 싶은 이야기들을 풀어놓으면서 아이들의 관계는

돈독해지기 시작했다. 3반은 여전히 10개 반 중에서 반 평균이 가장 낮은 반이었지만, 단합이 잘 되어 체육대회에서 우승하는 반이 되었다.

글쓰기를 한다고 아이들이 가지고 있는 문제를 직접적으로 해결해주지는 못한다. 술 마시는 아빠가 변하는 것도 아니고, 가난한 집안에 복권 당첨의 기적이 생기는 것도 아니다. 그래도 아이들은 글을 쓰면서 위로가 되었다고 했다. '나만 이렇게 힘이 든 건 아니구나, 다른 친구들은 또 다른 문제로 어려움을 겪고 있구나.' 다른 사람들에게 한 번이라도 따뜻한 말 한마디를 나누어야겠다고 생각하게 된다.

나이가 어리다고 고민이 없는 건 아니다. 취업, 공부, 친구, 가정 등 여러 문제로 아이들은 내면이 다치는 일이 많다. 친구에게 고백하기 어려운 문제도 있다. '그릇이 깨지면 칼날이 선다'는 오세영 시인의 말처럼 무엇이든 깨지면 칼날이 된다. 아이들의 마음도 그렇다. 다친 마음이 깨지지 않도록 하려면 왜 다치게 되었는지, 그래서 내 마음이 어떤지 다른 사람이 들어주어야 한다. 그래야 그 마음을 어루만지고, 깨지지 않도록 보호해줄 수 있다.

글쓰기로 아이들의 마음을 치유할 수 있다. 급식 메뉴부터 담임 선생님의 농담까지 전하던 아이들이 사춘기를 지나면서 물어봐도 대답만 겨우 하는 일이 많아 답답하다는 이야기를 학부모에게서 자주 듣는다. 그러다가 담임 선생님과 상담을 하면 집에 있는 아이와 학교에 있는 아이가 다르다는 사실을 알게 된다. 학교생활을 하다 보면 자존감이 낮아지는 일이 생긴다. 그리고 또래의 아이들과 여러 가지를 비교하게 된다. 외모, 성적, 능력, 경제 상황 등. 그러다 보면 건강하던 아이들의 마음도 아프게 되는 일이 많다.

어른들도 친구들의 SNS를 보면서 '나는 왜 이런가' 하고 고민하는 경우가 있다. 또 카페에 있는 글을 읽거나 게시판에 있는 글을 보면서 힘이 빠지는 경우가 많다. 그러면 마음이 우울해진다. 우울한 마음을 잘 다스려야 마음의 감기를 앓지 않는다. 그런데 책을 읽으면 현실을 이겨낼 힘이 생긴다.

영화 〈프리덤 라이터스〉에서는 한 선생님이 폭력, 차별, 편견에 멍든 아이들에게 문학과 글쓰기를 가르친다. 그 과정을 통해 아이들은 스스로 상처를 극복할 수 있는 힘을 갖게 된다. 에린 그루웰Erin Gruwell은 미국 공교육에 도입된 프리덤 라이터스 교수법의 창안자다. 그녀는 23세에 선배 교사도 포기한 203호(문제아라 불리는 빈민가 아이들이 모여 있는 반) 수업을 맡아 문학과 글쓰기로 마음을 열어간다. 아이들의 자존감은 서서히 회복되고, 변화가 기적적으로 일어난다.

아이들도 글을 쓰면서 치유가 된다. 어릴 때 고민들을 글로 쓰면서 해결할 수는 없었지만, 답답한 마음이 어느 정도 해소되었던 기억이 있다. 김정은의 『엄마의 글쓰기』를 보면 아이들과의 관계를 단단히 하고 싶은 엄마의 마음이 담겨 있다. 아이들의 스케줄을 짜주는 매니저 엄마가 아니라, 아이들과 소통하고 싶은 엄마의 모습이 담겨 있다. 눈에 넣어도 아프지 않은 아이들의 마음을 알고 싶다면 글쓰기를 하면 좋다. 가르치려는 마음을 내려놓고, 진심을 들으려는 글쓰기를 하면 아이들도 자신의 마음을 보여준다. 아이들이 마음 다치지 않고 건강하게 생활할 수 있도록 부모가 방법을 알려주어야 하는 이유다.

일본은 실패에 너그럽지 않은 사회다. 이곳에서는 1년에 10만 명이 넘는 사람이 사라진다. 『인간 증발』은 흔적도 없이 사라져 돌아오지 않는 사람들의 이야기를 담고 있다. 특히나 1990년대 후반부터 이런 현상이 심해졌다. 3만 명 남짓한 이들이 자살로 세상을 떠났고, 나머지 7만 명에 이르는 사람들은 숨어서 살아가고 있다. 일본인들은 타인의 시선에 극도로 예민하다. 그래서 실패한 사람들은 남에게 도움을 청하지 못하고 스스로 사라져버린다.

지도에 없지만 실존하는 산야山谷(도쿄에 있는 일종의 유령 공간. 과거에는 범죄자를 처형하던 곳이었으며, 현재는 과거를 지우고 스스로 사라지기를 자처한 사람들이 모여 사는 곳이다. 일본 정부가 지도에서 일부러 지명을 삭제했다)처럼 어쩌면 우리 사회 역시 증발자들이 모여 거대한 인력을 제공하고 있는지도 모른다. 이들이 실패를 딛고 재기하기 위해서는 무엇이 필요할까?

우연히 채널을 돌리다가 초등학교 졸업 후 바로 공장에 취직을 해야 할 정도로 몹시 가난한 가정환경에서 자랐다는 한 남자의 이야기에 시선이 고정되었다. 여러 공장을 옮겨다니며 자주 다쳐서 지체장애 6급을 받기까지 했던 그가 힘든 시절을 이겨내기 위해 일기를 썼다는 말이 기억에 남았다. 힘들고 어려운 시기에 무너지지 않도록 잡아주었다는 일기 쓰기. 우리 아이들도 힘든 시절을 지날 때 자신을 붙잡아줄 수 있는 방법이 글쓰기가 될 수 있다.

초등학교 때까지는 자유롭게 뛰놀던 아이들이 중학교에 가면 좌절하는 일을 너무 많이 본다. 공부가 성공을 가늠하는 잣대는 아니라고 말하고 싶지만, 아이와 부모는 성적표 속 등수에 너무나 예민하다. 시험에서 더 좋은 점수를 얻기 위해 잠도 줄이며 공부했지만, 성적이 향상되지 않아 고통받는 아이가 많다. 시험

기간에 아이들의 모습은 안쓰럽기만 하다. 아이가 시험지 안에

자신의 꿈도 가능성도 가두게 된다.

세상에 대한
호기심을 표현하는 글쓰기

　많은 부모가 내 아이의 '스라밸Study and Life Balance(공부와 삶의 균형)'을 지켜주고 싶어 한다. 하지만 현실은 녹록지 않다. 심각한 청년 취업난과 치열한 스펙 경쟁을 목격한 탓에 자기 자신을 나쁜 부모로 내몰고 있다.

　학습과 휴식 사이의 균형을 잃은 아이들이 힘들어 하고 있다. 『동아일보』가 초록우산어린이재단에 의뢰해 초중등 학생 190명을 설문 조사한 결과, 10명 중 6명은 하루 자유시간이 3시간도 되지 않는다고 한다. 이런 신문 기사를 읽고 우리 아이들을 보면 나도 흔들릴 때가 있다. 다른 집 아이들은 공부하느라 바쁜데, 우리 아이들을 너무 편하게 키우고 있는 건 아닌가 생각이 든다.

학원도 보내지 않고 학습지 하나 시키지도 않는다. 경쟁에서 뒤처지면 어쩌나 하는 생각이 들면 내 교육 방법이 맞는지 점검하고 싶어진다. 그럴 때 해결법은 책을 펼쳐보는 거다.

사람을 성장시키는 데 필요한 세 가지는 독서, 여행, 글쓰기다. 우리 아이들이 세상에 대한 끝없는 호기심을 갖고 있으면 좋겠다. 아이들을 여유롭게 키우고 싶은 마음은 갖고 있지만, 언론에서 보도되는 내용이나 다른 부모들의 이야기를 들으면 혼란스러운 건 보통 엄마들과 똑같다.

점심을 먹고 도서관에 갔다. 빈자리가 거의 없다. 그런데 자리를 지키고 있는 건 사람이 아닌 가방과 책들이었다. 오후 1시가 넘은 시간에 교복을 입은 아이들이 도서관을 드나들고 있었다. 이상하다고 생각했는데 곧 이유를 알게 되었다. 인근 학교의 시험 기간이었다. '고생이 많구나'라는 생각을 하면서도 '저렇게 노력해도 성적이 오르지 않으면 얼마나 힘이 빠질까?'라는 생각이 들었다. 스펙과 학벌이 평생직장을 보장해주는 시대는 막을 내릴 거라고 한다. 여러 개의 명함을 가져야 하는 시대가 될 거라고 한다. 미래 사회에 대한 불안이 커지면서 그 대비를 위해 '엄마표' 미래 교육 책들이 출간되고 있다.

미래 사회의 인재가 되기 위해서 영어를 잘해야 하고, 수학 문제를 잘 풀어야 하고, 많은 내용을 암기해야 한다는 내용은 없다. 학부모들이 자라던 시대와 우리 아이들이 자라는 시대는 다르다. 부모들의 시대처럼 명문대 진학이 성공의 보증수표가 되는 것은 아니다. 아이들이 원래 갖고 있던 호기심과 창의력을 발휘할 수 있도록 여유 시간을 주어야 한다.

요즘 방탄소년단에 대한 관심이 높다. 한국말로 부른 노래가 미국 빌보드 차트 상위에 진입한 배경을 분석한 기사를 뉴스에서 볼 수 있다. 사실 그전까지는 노래를 들어본 적이 없었다. 많은 아이돌 그룹 중 하나라고 생각했는데, 미국에서 그들이 일을 낸 것이다. 방탄소년단을 키운 대표의 강연을 들었다. 다른 대형기획사가 소속 가수의 생활과 연습 시간까지 관리한 것과는 다르게 멤버들의 자율성을 존중해주었다고 한다. 자율성 속에서 창의성이 나왔다.

리더인 RM의 영어 실력도 화제다. 통역도 필요 없이 토크쇼에서 말을 하는데, 영어는 미드 〈프렌즈〉를 보며 독학으로 배웠다고 한다. 처음에는 한국어 자막을 보며 다음에는 자막 없이 보면서 영어를 배웠다고 한다. 내가 하고 싶어서 하는 일은 엄청난 힘을 갖는다. 우리 아이들은 자기가 무엇을 하고 싶은지 아직 찾지 못했다. '무엇이 될까?'가 아니라 '무엇을 할까?'가 중요하다.

새로운 일자리에 가더라도 새로운 기술을 습득할 수 있는 사람이 되어야 한다.

사회가 변하더라도 삶을 살아가는 데 도움이 되는 역량은 바로 글쓰기 실력을 키우는 것이다. 수업과 시험 위주의 학교 교육에서 아이들은 배움의 즐거움을 점점 잃어간다. 공부는 새로운 것을 알아가는 과정인데, 그 과정은 생략되고 결과만 외우도록 한다. 그런 학습은 이제 유효 기간이 끝나고 있다.

진짜 공부는 무엇일까? 내가 호기심을 느끼는 분야를 파고 들어갈 듯이 공부하는 것이다. 그것이 미래 사회를 살아갈 우리 아이들이 해야 할 진짜 공부다. 자기만의 취미에 빠져 있는 중학생과 고등학생이 많이 있다. 그들이 그 '쓸모없는 짓'을 책을 통해 공개해준다면 또래의 다른 아이들도 자극을 받을 수 있지 않을까? 서점에도 쉽게 고등학생 저자들의 책을 만날 수 있다. 『고등학생이 발로 쓴 전북 문화 탐방기』, 『박물관에서 공룡을 만나다』, 『돈, 고민하다』 등이 있다.

이정욱은 종이비행기 오래 날리기 세계기록을 가지고 있다. 어린 시절 텔레비전에서 종이비행기 날리는 것을 보고 그 매력에 빠지게 되었다고 한다. 중학교 2학년 땐 혼자 논문을 찾아보며 공기역학, 유체역학, 항공역학을 공부했다. 그리고 종이비행기를 오래 날릴 수 있는 방법을 고민했다. 그는 2015년에 열린 종이비행기 날리기 세계대회에 국가대표 자격으로 출전해 주목을 받았다. 이후로는 다양한 강연에서 좋아하는 일을 하며, 밥 먹고 사는 방법에 대해 이야기했다.

"나는 이제 깨달았네, 루카스. 모든 인간은 한 권의 책을 쓰기 위해 이 세상에 태어났다는 걸, 그 외에는 아무것도 없다는 걸, 독창적인 책이건, 보잘것없는 책이건, 그야 무슨 상관이 있겠어. 하지만 아무것도 쓰지 않는 사람은 영원히 잊혀질 걸세. 그런 사람은 이 세상을 흔적도 없이 스쳐 지나갈 뿐이네."

아고타 크리스토프Agota Kristof는 『존재의 세 가지 거짓말』에서 이렇게 말했다. 모든 사람이 한 권의 책을 쓰기 위해 세상에 태어났다는 말은 내게 모든 사람이 가치 있는 존재라는 의미로 들린다. '내가 무슨 글쓰기야?', '내가 어떻게 저자가 돼?' 이런 물음표는 던지고, 나는 글쓰기 위해 태어난 존재라는 생각을 하자.

글쓰기를 위해서는 독서를 할 시간이 있어야 한다. 어떤 글을 쓸 것인지 생각할 시간도 있어야 한다. 아이들에게 시간 부자가 될 수 있도록 나는 최소한의 공부를 시킨다. 첫째 이이에게는

40분 공부(영어나 수학 공부)와 20분 글쓰기를 시킨다. 일주일에 3번 도서관에서 1시간 동안 읽고 싶은 책을 읽고 남은 시간은 자유다. 아이를 믿고 기다려주는 것이 필요하지만, 마음이 조급해서 그렇게 하지 못하는 경우도 있다.

요즘 아이들은 바쁘다. 잠깐 짬이 나더라도 생각할 틈이 없다. 공부하느라 받은 스트레스를 풀려고 게임을 하거나 스마트폰으로 동영상을 봐야 한다. 텔레비전에서는 재미있는 프로그램이 나온다. 잠시도 지루할 틈이 없다. 강한 자극에 노출되어야만 뇌가 반응하는 '팝콘 브레인popcorn brain(디지털 기기에 익숙한 나머지 뇌가 현실에 무감각 또는 무기력해지는 현상)'이 되어 있는 아이도 많다. 우리 아이들이 더 많은 쓸모없는 일을 했으면 좋겠다. 시험 성적을 올리기 위한 공부만이 진정한 공부는 아니다. 별자리에 관심을 갖고 책을 찾아보거나 천체 관측 동아리에서 공부할 수 있는 여건이 마련되면 좋겠다.

자신이 관심 있는 분야의 공부를 학교에서 할 수 있다면 얼마나 좋을까? 쓸모없는 일을 하고 나서는 그 경험을 글로 쓰고 책으로 남겼으면 좋겠다. 그래야 더 많은 아이가 다양한 삶이 있다는 것을 알고 용기를 낼 수 있을 것이다.

글쓰기는 민주시민이
갖춰야 할 능력이다

"똥 학교는 싫어요!"

54년간 이름 때문에 놀림 받은 초등학교가 있다. 인터넷 검색창에 '웃긴 학교 이름'을 치면 빠지지 않고 언급되는 학교가 바로 대변초등학교다. 심지어 난센스 퀴즈에 '세상에서 가장 더러운 학교는?'이란 퀴즈의 정답으로 등장하기도 했다. 학교 이름 때문에 아이들의 자존감마저 바닥으로 내려앉았다.

2017년 2월 부학생회장 선거에 후보로 나선 아이가 공약으로 '학교 이름 바꾸기'를 내걸었다. 학교 이름은 바꿀 수 없는 것으로 생각했던 아이들도 이 공약을 보며 생각을 바꾸었다. 시민으로서 목소리를 내고, 변화를 이루어내는 아이들의 모습은 김동적이다. 그래서 여러 언론에 소개되었고, 동화책으로도 발간되었다. 일상에서 부당하다고 느끼는 일을 바꾸기 위한 아이들의 용기가 돋보였다. 대변초등학교는 2018년 3월부터 '용암초등학교'로 새 이름을 얻었다.

또 다른 아이들의 이야기가 있다. 2012년, 서울 수송초등학교 6학년들이 국립중앙박물관으로 현장 체험 학습을 갔다. 그날은 비가 많이 내려서 밖에서 도시락을 먹을 수 없었다. 아이들은 박물관 식당으로 들어가 밥을 먹으려고 했다. 하지만 박물관 관계자가 이곳에는 외부 음식물을 반입할 수 없다고 했다. 갈 곳을 찾다가 결국 구석에 있는 계단에 앉아 도시락을 먹었다.

아이들이 현장 체험을 다녀온 뒤, 이런 불편을 겪는 일은 더는 없어야 한다며 한 여학생이 친구 5명과 '솔루션'이란 단체를 만들었다. 솔루션은 먼저 인터넷 검색을 통해 다른 사람들도 같은 불편을 겪었는지 확인했다. 도시락 먹을 공간을 따로 마련하고 있는 다른 박물관도 조사했다. 도시락 먹을 수 있는 공간을 만들어달라는 편지를 국립중앙박물관장에게 쓰고, 전자 민원도 올렸다. 이런 자신들의 활동을 신문사에도 알렸다. 결국 국립중앙박물관에는 도시락 먹을 수 있는 공간이 생겼다.

이 일은 국민의 권리를 실천한 사례로 초등학교 사회 교과서에 실렸다.

"세상을 더욱 살기 좋게 변화시키는 사람은 엄청나게 위대한 사람들이 아니라, 사회 문제에 관심을 갖고 그 문제를 해결하기 위해 노력하는 용기 있는 사람들이야. 우리가 그랬듯이 말이야."

맨 끝에 실린, 실제 솔루션 멤버의 편지는 어른들에게도 의미심장하게 다가온다.

공부에 지친 고등학생들도 타인의 고통에 무관심하지만은 않았다. 경기도 고양국제고등학교 아이들은 해고 위기에 놓인 학교 보안관을 지키기 위해 힘을 모았다. 학교 측은 6년째 경비 업무를 맡아오던 보안관 2명에게 "고용계약을 연장하지 않겠다"고 통보했다. 이들은 학교 정규직 전환 대상이 아니었다.

아버지 같던 분들의 해직을 막고 싶었던 권혁진은 친구들과 논의 끝에 '보통사람들(보안관님 해직사태 해결을 위한 학생 행동)'이라는 페이스북 페이지를 개설하고 연대단체를 결성했다. 논란이 일자 경기도교육청은 '보안관을 지금과 같은 근무 형태로 근속시키는 것에 대해 제재를 가할 권한이 없고, 용역 파견 근로자 형태로 보안관을 재계약하는 것은 학교장의 재량에 해당한다'라는 공문을 보냈다. 이 공문으로 같은 처지에 놓이게 된 용역업체 소속 기숙사 사감과 운전기사, 관리보조원, 통학 차량

보조원 등 약 500명이 재고용될 기회가 열렸다. 이 내용이 신문에 실리면서 용기 있는 고등학생들의 행동을 본 사람들은 관련 기사에 2,000개가 넘는 응원 댓글을 달아주었다.

초등학교 교육 과정에 '쓰기'는 '문제를 해결하고, 의미를 구성하며 사회적으로 소통하는 행위이다'라고 정의되어 있다. 중학교 교과서에도 '건의하는 글쓰기'라는 단원이 있다. 사회에서 발생하는 문제를 개선하기 위해서는 여러 사람이 목소리를 내야 한다. 사람들의 의견을 모으는 방식은 공감을 불러일으키는 글을 통해 가능하다.

헌법 제10조인 "모든 국민은 인간으로서의 존엄과 가치를 가지며, 행복을 추구할 권리를 가진다. 국가는 개인이 가지는 불가침의 기본적 인권을 확인하고 이를 보장할 의무를 진다"는 조항은 3가지 중요한 개념을 담고 있다. 인간의 존엄과 가치, 행복추구권, 기본적 인권이다. 이 가치를 침해당하면 국민은 권리를 보장받기 위해 SNS에 글을 올리거나 청와대 국민청원 게시판에 글을 남겨 여론을 형성할 수 있다. 글을 통해 나의 권리를 찾기 위한 노력을 할 수 있다는 의미다. 유시민은 『유시민의 글쓰기 특강』에서 "세상을 바꾸고 싶다면 말만 할 게 아니라 행동해야 한다"고 말했다.

아이들이 침묵하는 교실에는 미래가 없다. 누구나 말하고, 표현하는 것이 필요하다. 글쓰기는 타인과 소통하고 문제를 해결하는 통로가 된다. 이를 통해 경쟁이 아닌 협력의 삶을 살 수 있다. 오늘보다 나은 내일을 기대할 수 있는 희망을 갖게 한다. 시민이란 무엇일까? 바로 참여하는 사람이다. 그리고 더 나은 공동체를 만들기 위해 노력하는 사람이다.

아이들은 현실 문제에 대체로 무관심하다. 지금은 공부를 하고, 나중에 어른이 되어 참여하라는 말도 종종 들린다. 하지만 학교에서 참여하는 방법을 배우지 못하면 어른이 되어도 적극적인 민주시민이 되기는 어려울 것이다.

좋은 대학을 나오고, 돈 많이 버는 인간을 양성하는 것이 학교의 목적은 아니다. 그보다는 나와 이웃의 공존과 번영을 위해 노력하는 사람을 키우는 게 학교의 목적이다. 정의, 복지, 인권, 자유, 평등, 민주주의를 발전시키는 힘은 시민들에게서 나온다. 학교에 글쓰기와 민주시민 교육이 필요한 이유다.

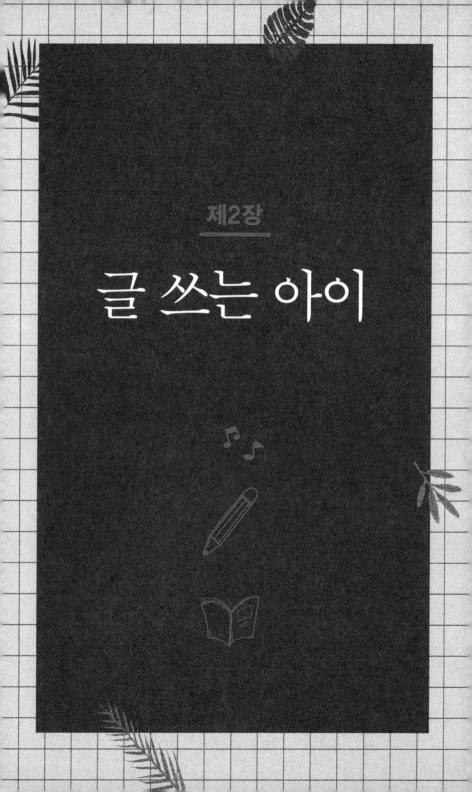

제2장

글 쓰는 아이

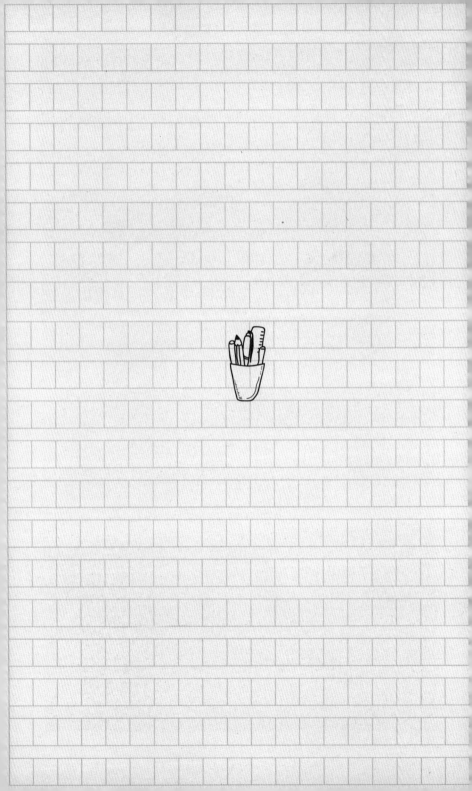

부모가 먼저
갖춰야 할 자세

'내 아이가 글쓰기 실력을 길렀으면……' 사실 이런 생각은 부모의 바람이다. '아이가 어떻게 자랐으면 좋겠다, 이런 면에 좀더 신경 썼으면 좋겠다, 아이가 이런저런 능력을 지녔으면 좋겠다.' 이 또한 자식에 대한 부모의 욕망이다. 그런데 그전에 생각해볼 것이 있다.

첫째가 6세가 되던 해에 동생이 태어났다. 작은 소리라도 내면 자는 동생을 깨운다며 첫째는 혼나기 일쑤였다. 책이라도 조용히 읽으면 좋으련만 그때는 글자를 몰랐다. 자기만의 방법을 찾은 아이는 종이에 숫자를 쓰면서 놀았다. 종이에 숫자를 다 쓰면 스카치테이프로 다음 장을 이어 붙였다. 그렇게 쓴 양이 엄청

났다. 아마 2,000장도 넘었을 것이다.

아이는 숫자를 좋아했다. 벽에도 숫자를 쓰고, 책에도 숫자를 썼다. 숫자에 관심을 보이자 나는 아이에게 수학 학습지를 사주었다. 수학을 잘하면 학교 공부를 잘하게 될 거라는 생각이었다. 학원을 다니지 않았지만 아이는 아빠와 도서관을 다니면서 공부를 했다. 초등학교 고학년이 되면서 EBS 강의로 중학교 수학전 과정을 듣고 문제집을 두 번이나 풀었다. 남들은 학원에 보내면서 어렵게 수학을 배우는데, 수학을 알아서 공부하니 잠자고 있던 욕심도 스멀스멀 고개를 들었다. '이참에 과외라도 시켜서 고등학교 과정까지 배우게 할까?'라는 생각까지 들었다.

수학에 재능이 있는 아이라고 생각했다. 문득 과학고등학교를 보내고 싶다는 욕심이 생겼다. 엄마의 욕심 때문에 『어린이 과학동아』를 구독했다. 교사를 위한 발명이나 특허 관련 연수를 신청해 들으면 아이의 진로 선택에도 도움을 줄 수 있지 않을까 하는 생각도 들었다. 텔레비전의 영재 발굴단에 나오는 재능 있는 아이들을 보면서 내 아이와 비교하기도 했다.

5학년 때 담임 선생님의 갑작스런 전화를 받았다.

"아이를 과학관찰대회에 나가게 하면 어떨까요? 제가 담당 선생님께 추천할게요."

나는 담담하게 전화를 받았지만 기분이 무척 좋았다. 집에 돌아온 아이한테 들으니 내일부터 아침에 조금 일찍 가고, 수업이 끝나고 남아서 대회 준비를 한다고 했다. 며칠 뒤에 평소보다 일찍 집을 나갔다.

"엄마, 공원에 가서 관찰 일기를 써서 검사 맡아야 해요."

"그래. 잘 다녀와라."

그렇게 인사를 하고 등교를 했는데, 오후에 돌아온 아이의 표정이 밝지 않다.

"무슨 일 있었어?"

"아니. 나 관찰대회 이제 준비 안 할 거야."

아이의 말에 당황했다.

"아무나 대회 나가는 거 아니야. 상 못 받아도 좋으니까. 준비하면서 더 성장할 수 있어."

"괜찮아. 안 할래. 지도 선생님이 무서워서 싫어졌어."

"알았어. 평양감사도 자기가 하기 싫으면 마는 거지."

나는 아이에게 하지 않아도 된다고 했지만, 아쉬운 마음이 드는 것도 사실이었다. 남편은 어떻게 하고 있냐고 물었다.

"그만두기로 했대."

"그래? 대회에 나가보는 경험도 중요한데."

"다음에 기회가 오겠지, 뭐."

　나는 마음속은 쓰렸지만 쿨한 척 말했다. 2학기 학부모 상담 기간에 담임 선생님을 만난 뒤에야 그 이유를 제대로 알게 되었다. 자기 나름으로 관찰 보고서를 열심히 써가지고 갔는데, 이렇게 쓰면 안 된다며 혼났다고 한다. 아이를 혼낸 담당 선생님이 야속하기도 했지만, 한편으로는 어떻게 글을 썼기에 혼났을까 하는 궁금증도 들었다. 아이가 쓴 글에 부족한 점이 있더라도 이를 좀더 친절하게 가르쳐주었다면 낫지 않았을까 하는 아쉬움이 컸다.

　아이는 선생님께 꾸중을 들은 뒤로 관찰대회에 나갈 마음을 접었다고 했다. 예민한 아이여서인지 상처는 꽤 오래갔다. 아이의 마음을 위로해주면서 다른 한편으로는 아이라는 존재가 얼마나 복잡하고, 감성이 여린지 생각해보게 되었다. 그리고 아이의 교육 방법에 대해서도 돌아보았다.

　엄마가 자식을 교육하는 이유는 간단하다. 내 아이니까, 사랑하는 내 아이니까, 잘 되기를 바라니까 그런 것이다. 하지만 아이는 엄마의 요구를 순순히 받아들이지는 않는다. 요즘 학습 만화만 많이 본다는 생각이 들어 슬쩍 책을 내밀었다. 뉴베리상을 받은 『달빛 마신 소녀』다.

"이건 여자들이 읽는 책이잖아. 안 읽어."

"좋은 작품이래. 그리고 주인공이 소녀라고 여자들만 읽어야 하는 건 아니야. 엄마가 빌려온 성의가 있지. 읽어봐."

"알았어. 근데 내가 읽고 싶은 책은 내가 고를게. 난 빌려달라고 말한 적 없어."

나는 순간 욱하는 마음이 올라왔다. 하지만 세상에는 책이 많으니 읽고 싶지 않으면 읽지 않아도 된다고 말했다. 아침독서운동이나 책따세에서 추천하는 좋은 책을 도서관에서 빌려서 여러 번 아이에게 읽어보라고 했지만, 아이는 번번이 거절했다. 그 뒤로 나도 상처 받고 싶지 않아서 아이가 책을 자율적으로 읽도록 했다.

엄마이기에 욕심이 있다. 하지만 뜻대로 되지 않을 때도 많다. 이럴 때는 나를 돌아본다. 내 아이가 글을 잘 쓰고, 책을 잘 읽어야지만 엄마한테 사랑 받을 수 있는 건 아니다. 그냥 내 아이니까 사랑하는 거다. 엄마의 욕심을 내려놓으면 아이의 장점이 보이기 시작한다.

뒤프레 부부는 대형 마트에서 '완벽한 아이'를 샀다. 바티스트는 인사도 잘하고, 공부도 잘하며, 얌전한데다 부모님 말씀도 잘 들었다. 그런 바티스트를 바라보는 부모는 흐뭇했다. 그런데 문제가 생겼다. 엄마와 아빠가 바티스트 학교 축제일을 헷갈려 꿀벌 옷을 입혀 학교에 보냈다. 친구들한테 창피를 당한 바티스트는 부모에게 불만을 터뜨렸다. 몹시 놀란 뒤프레 부부는 대형 마트에 가서 아이를 반품하려고 했다. 자신들이 산 건 완벽한 아이인데, 바티스트는 부모에게 불평해대는 아이라서 말이다.

그림책 『완벽한 아이 팔아요』의 줄거리다. 아이의 단점이 장점보다 크게 보이는 날에는 잔소리를 한다. 엄마의 잔소리에 풀이 죽은 아이를 보면서 나도 완벽한 부모는 아닌데, 아이한테 너무 가혹한 잣대를 대는 거 아닌가 생각한다. 아이가 수학을 잘해서, 엄마 말을 잘 들어서 사랑하는 것이 아니라 내 아이니까 사랑해야 한다는 생각을 잊는 날이면 이 책을 꺼내서 읽는다. 엄마의 꿈을 아이가 대신 이루어주기를 바라면 안 된다. 게다가 나는 완벽한 부모가 아니다. 그러니 아이도 완벽하길 기대하지는 말아야 한다. 아이의 자율성을 존중하자. 그리고 사랑하자. 그것이 자식을 교육하는 부모의 자세가 아닐까?

독서와 글쓰기에
친숙해지기

첫째 아이는 영어를 좋아하지 않았다. 일반 유치원에서 하는 영어와 방과후에 하는 영어 공부가 전부였다. 초등학교 입학 후에도 방과후 영어 수업을 들었지만, 꾸준히 하진 않았다. 초등학교 3학년 때부터 영어를 배운다. 수업 시간에 흥미를 잃으면 안 될 거라는 생각이 들었다. 더 늦기 전에 레벨테스트를 하러 학원으로 향했다. 상담을 받아보니 파닉스Phonics(소리와 철자를 통해 언어를 이해하는 학습법)도 제대로 안 되어 있다고 한다. 설명을 듣고는 좀더 생각하고 다시 오겠다고 말했다.

책가방에서 가정통신문을 꺼내다가 영어 단어 시험을 본 흔적을 발견했다. 10개 중에 1개를 맞혔다. 충격을 받았다. 점수

앞에 초연해지려고 했는데, 아무리 그래도 고작 1개만 맞히다니……. 부랴부랴 인터넷서점에서 파닉스 책 중에서 단어 쓰기를 구입해 스파르타식 훈련에 들어갔다. 아이는 정말 하기 싫다는 표정을 지었다.

"영어 단어 시험을 그렇게 보고 할 말이 있어?"

결국 아이는 영어 공부를 하기 싫다고 거칠게 말했다.

"내가 어른이 되면 통역기가 다 나와 있을 거야. 그걸 왜 힘들게 공부해? 영어로 먹고살 것도 아닌데."

"학교는 안 다닐 거야? 영어 시간마다 벙어리처럼 있을 거야? 중학교에 가면 시험 보는데 그때는?"

"시험 볼 때는 교과서 외우면 되잖아. 이렇게 억지로 공부하기 싫어."

나는 화를 누르고 생각해보았다. 아이가 하는 말이 아주 틀리지는 않았다. 모든 한국 사람이 영어를 잘할 필요가 있을까? 예전에는 번역기를 돌리면 엉터리로 알려주었던 게 사실이다. '곰탕'을 번역기에 돌리면 'bear tang'이라고 나왔다고 한다. 그 메뉴판을 본 외국인들은 곰을 끓인 탕이 곰탕이라고 오해했을 것이다.

요즘은 번역기 성능이 무척 좋아졌다. 외국 여행 다닐 땐 구글

번역기로 음식을 주문하고, 차표를 샀으며, 어디든지 갈 수 있었다. 영화 〈설국열차〉에도 번역 장치를 착용하는 장면이 나온다. 그런 세상이 곧 오지 않을까?

나 역시 영어 단어 외우느라 머리에 쥐가 났던 적이 있다. 외국에서 성장해서 영어를 모국어처럼 사용하는 친구들이 부러웠던 적도 많았다. 우리가 아무리 노력해도 결코 따라할 수 없는 발음을 들으면 기가 팍 죽었다. 영어를 잘하면 좋겠지만, 아이가 공부하기 싫다고 하는데 억지로 시킬 수 없다면 아예 잘하는 걸 선택하고 집중해서 가르치는 게 더 낫지 않을까?

결국 학원에는 가지 않기로 했다. 그 대신 학교 수업을 위해 컴퓨터로 교과서를 다운로드했다. 인터넷 연결이 되어 있지 않아도 교과서 내용을 공부할 수 있었다. 아이는 교과서를 여러 번 듣고, 거기에 나오는 단어들만 외웠다. 예습을 하고 수업을 들어서 영어 울렁증은 어느 정도 극복했다. 물론 영어를 잘하는 아이들과 비교하면 잘하지 않는다.

중학교 아이들은 자기들이 조금만 노력하면 모두 명문대에 진학할 수 있다고 생각한다. 초등학교에 다니는 아이들도 한국에서 가장 좋은 대학교가 어디인지 안다.

물론 아이가 명문대에 입학했다는 건 아이를 잘 키웠다는 보증수표 중 하나일 수 있다. 그렇지만 명문대 입학생 중에도 자기가 무엇을 하고 싶은지, 어떤 삶을 살고 싶은지 알지 못하는 아이가 꽤 많다. 성적에 맞춰 진학하는 일도 쉽게 볼 수 있다. 나는 아이가 초등학교 때 독서와 글쓰기를 하며 글과 친숙한 아이로 성장하길 바란다.

아이는 글을 쓰면서 자신의 흥미와 적성을 찾을 수 있다. 주제에 맞게 자료를 수집하고, 관련 글과 책을 읽으면서 글 쓰는 아이로 성장했으면 좋겠다. 대학을 졸업하고, 사회에 나간 초년생들이 퇴사를 고민하는 경우가 많고, 뒤늦게 자신의 재능을 찾아 직업을 바꾸는 사례도 종종 듣게 된다.

『책 쓰기 꿈꾸다』와 『청소년 책 쓰기 프로젝트』는 한 권의 책을 쓰는 과정이 청소년 눈높이에 맞게 서술되어 있다. 입시나 공부에 도움이 되는 글쓰기 방법을 다루는 게 아니라, 글을 쓰면서 자신이 어떤 사람인지 고민할 수 있게 해준다. 실제로 『책 쓰기 꿈꾸다』를 가지고 수업을 진행한 적이 있다. 쓰고 싶은 주제를 선정하고, 자료를 모으는 과정을 아이들과 함께했다.

'고양이를 잘 키우는 방법'이나 '소방관이 되기 위해 어떤 노력을 해야 하는지'에 대한 글은 짧은 시간에 알차게 준비할 수 있었다. 사진 자료를 추가하거나 관련 자료를 검색하기 위해서 컴퓨터실도 빌려서 진행했는데, 아이들의 노력에 따라 결과물이 무척 달랐다. 자유학년제 동안 책 쓰기를 해보는 것도 아이들의 꿈과 끼를 찾는 데 도움이 될 거라는 생각이 들었다.

아이가 명문대에 진학하길 바라는 욕심은 버렸지만, 잘 성장하기를 바라는 마음은 그대로다. 아이가 글을 쓸 수 있는 사람으로 자라도록 환경을 마련해주고 돕는 것이 아이를 위해 진짜 필요한 일이라고 생각했다.

글쓰기의
중요성을 느끼다

  부모 세대는 눈 딱 감고, 다른 욕망은 고이 접어두고 학교 공부만 하면서 고등학교 3년을 무사히 보내면 남은 인생이 편하다는 이야기를 귀에 딱지가 앉도록 들으며 자랐다. 좋은 대학을 졸업하면 높은 연봉을 받는 곳에 취직할 수 있다는 말은 맞는 말이었다. 교대만 가면 초등학교 교사가 될 수 있었고, 사법시험만 통과하면 판사나 검사나 변호사가 되었다. 의대만 가면 안정된 사회적 지위와 높은 연봉을 받을 수 있었다.

  부모들은 학벌 때문에 설움을 받았던 경험을 갖고 있다. 내 아이는 나와 같은 고통을 겪게 하고 싶지 않은 것이 부모의 마음이나. 좋은 학벌을 갖는 순간 인생살이가 수월하다는 것을 직접 겪었다. 나는 상업고등학교를 졸업했다. 상업고등학교에서 배우는 내용이 적성에 맞아서라기보다는 대학 등록금을 낼 형편이 안 되었기 때문이다. 먼저 취직을 하고, 대학교에 가고 싶으면 내가 벌어서 입학해야 했다.

고등학교 3학년이 되었는데, IMF 금융위기가 한국 사회를 덮쳤다. 힘들게 취직했고, 더 어렵게 회사 생활을 했다. 그리고 우여곡절 끝에 고려대학교 국어교육과에 입학했다. 나는 겉모습이나 내면은 달라지지 않았지만, 달고 있는 간판에 따라 대우가 달랐다. 상업고등학교 간판을 달고 있을 때와 고려대학교 간판을 달고 있을 때 할 수 있는 아르바이트는 말할 것도 없고, 소개팅 상대까지도 달랐다.

그런 경험은 내가 가르치는 아이들에게도 전해졌다. 공부하는 것이 지금은 힘들더라도 길게 남은 인생 편해지는 지름길이라고 강조했다. 수업 시간에는 교과지식을 잘 구조화해서 전달했다. 아이들이 시험에서 높은 점수를 얻는 것이 잘 가르치는 교사라고 생각했다. 아이들에게 공부하고 싶은 자극을 준다는 명분으로 좋은 학벌은 좋은 직업을 갖게 해주는 증서가 될 것이라고 다그치기도 했다.

아이들과 부루마불이란 세계일주 게임을 자주 한다. 게임 후

반쯤 되면 이미 거의 모든 땅을 아빠가 차지하고 있다. 아이들은 아빠가 산 서울에 걸려 200만 원을 내야 하면 억울함에 눈물을 흘린다.

"이건 게임이야. 단지 재미있자고 하는 거야."

나는 속상해하는 아이들을 보면서 사소한 게임에 왜 이렇게 집착하는지 의아해했다.

"살다 보면 지는 법도 배워야 하잖아."

게임에서는 져도 되고, 학교라는 공간에서는 이겨야 한다는 나의 이중적인 모습에 놀란다. 아이는 자기가 게임에서 이길 확률이 없어 보이면 그때부터 달라진다. 게임을 하는 태도도 달라지고, 의욕도 상실한다. 그런 모습을 보며 내가 가르치는 아이들의 모습이 겹쳐 보였다.

1년에 4번의 정기고사와 수행평가, 그 시험 점수로 아이들의 가능성이 재단된다. 자신이 가진 재능이나 잠재력에 대해서 아이들은 생각할 시간조차 허락되지 않는다. 같은 공간 속 다른 아이들보다 잘해야 한다는 어른들의 채찍에 아이들은 오늘도 지쳐간다.

좋은 질문은 올바른 방향으로 우리 삶을 이끈다. 내 아이가 세상을 살아가는 힘은 무엇일까? 아이가 태어났을 때는 『칼 비테

영재 교육법』을 읽으며 우리 아이가 영재가 되기를 바랐다. 모차르트의 음악을 태교로 들으며 역시나 머리 좋은 아이가 태어나기를 바랐다. 상위 1퍼센트의 지적 능력을 가진 아이, 그런 아이를 키워내는 자랑스런 엄마의 모습, 아이의 성공은 엄마의 자부심이 된다고 믿었다.

산업시대에는 질문할 필요가 없었다. 필요한 지식을 암기해 단순 반복적인 일을 하는 직업이 많았다. 지금의 학교 교육은 산업시대 인재를 양성하는 데 최적화되어 있다. 6·25전쟁 이후 급속한 산업 발전 시기에는 이런 교육이 잘 먹혔다. 하지만 미래 사회에는 적합하지 않다. 그리고 이런 교육 때문에 학습된 무기력에 빠진 아이들을 세상의 주인공으로 살게 하려면 어떻게 해야 할까?

아이들이 미래 사회를 대비하기 위해서는 학벌보다는 글쓰기 실력이 중요하다. 아무리 자신의 능력이 뛰어나더라도 창의적인 생각을 갖고 있다고 해도 남에게 알리지 않으면 아무 소용이 없다. 어떤 분야의 전문가를 초청해 강연이나 연수를 진행해야 하는 경우가 있다. 섭외를 담당하는 사람이라면 먼저 해당 분야의 책을 검색하는 것부터 시작하게 된다.

어른이 되어도 진로와 관련된 고민은 끝나지 않는다. 막다른 골목에서 인생의 돌파구를 찾거나 정년 없는 직업을 찾기 위해 책 쓰기에 도전하는 분들이 있다. 그리고 그것을 장려하는 분위기라서 출판 관련 강연에 많은 사람이 모여든다. 우리 아이도 글 쓰는 것에 두려움이 없으면 좋겠다는 생각을 하기 시작했다.

객관식 문제 풀이로는 생각하는 힘을 기르기 어렵다. 부산교육청은 2018년부터 초등학교 시험에서 객관식 문항을 없앤다고 발표했다. 서울교육청도 과정중심평가 시범 중학교 22곳에서 객관식 대신 서술형과 교과 수행평가로 아이들을 평가하기로 했다. 2015년 개정 교육과정은 단순 암기를 지양하고, 인문학적 상상력과 과학적 창조력을 갖춘 인재 양성을 목표로 한다. 쉽게 말하면 앞으로는 글쓰기 능력이 더 중요하게 될 것이다. 서술형 평가는 아이들의 생각하는 힘을 키우고, 그 생각을 글로 표현하는 데 효과적이다. 사고력을 키우기 위해 가장 효과적인 것은 독서와 토론이며, 특히 글쓰기는 밀접한 관련이 있다.

경상남도교육청은 책 쓰기 동아리 활동을 지원하고, 책 쓰기 동아리 지도교사를 대상으로 연수를 하고 있다. 대구교육청도 초등학교 1학년부터 고등학교 3학년까지 책 100권을 읽고, 100번 토론을 하며, 한 권의 책을 내는 '100-100-1 프로젝트'를 운영 중이다. 책 쓰기 정책은 교육부 최우수 프로그램으로 선정되어 전국적으로 확산되고 있다. 대전교육청에서는 독서문화 확산과 독서교육 활성화를 위해 독서 동아리를 장려하고 있다. 경기도교육청 역시 '학생 독서 · 책 쓰기 동아리' 관련 워크숍을 진행해 누구나 책을 읽고 저자가 될 수 있도록 지원하고 있다. 말 그대로 모든 교육청이 독서와 글쓰기를 지원하고 인재를 양성하는 데 역량을 쏟아붓고 있다.

대부분의 사람은 글쓰기가 어렵다고 한다. 노래처럼 재능이 있어야 가능한 거라고 생각한다. 하지만 노래를 잘 부르는 사람들도 더 잘 부르기 위해 끊임없이 연습해야 한다. 글쓰기도 마찬가지다. 글쓰기는 타고나는 재능이 아니다. 글쓰기 능력이 없다고 생각하는 사람일지라도 자신의 노력에 따라 원하는 글을 얼마든지 쓸 수 있다.

'좋은 글은 이래야 한다'는 기준은 사람마다 다를 것이다. 하지만 중요한 것은 글을 통해 자기 삶을 성찰하고, 앞으로 걸어갈 길을 모색하며, 세상을 더 폭넓게 바라볼 수 있다는 것이다. 그렇기에 우리 아이가 글을 잘 쓰는 사람으로 성장했으면 좋겠다. 올바른 문장으로 자기 생각을 표현하고, 자신만의 길을 걸었으면 좋겠다. 그 방법을 터득할 수만 있다면, 학창 시절이 얼마나 아름다울까?

아이와
글쓰기를 시작하다

독서와 글쓰기를 하는 아이로 키우는 좋은 방법은 무엇일까? 몇 년 전 '우리 동네 도서관 활용하기'라는 주제로 학부모 강연을 했다. 마지막에 질문을 받았다.

"글쓰기가 중요하다고 여러 번 강조하셨잖아요. 그런데 어떻게 자녀를 지도하고 계시는지 궁금해요."

그 순간 말문이 막혔다. 무슨 말을 해야 할지 답이 생각나지 않았다. 그래서 솔직하게 말씀드렸다.

"아직은 때가 아니라고 생각해서 아이가 준비가 될 때까지 기다리고 있습니다. 중학생이 되면 시작하려고 계획은 하고 있어요. 물론 아이와 대화를 해보고요. 아이를 키우면서 엄마의 욕심을 내세우기보다는 기다리는 것도 무척 중요하더라고요."

나는 강연이 끝나고 돌아오는 길에 그 질문이 머릿속에서 떠나지 않았다. '글쓰기가 중요하다고 하면서 왜 내 아이한테는 시키지 않는 거지.' 그래서 아이와 글쓰기를 행동으로 옮겨야겠다고 마음을 먹었다. 물론 자기 아이를 가르치는 일은 쉽지 않다. 송숙희의 『1000일간의 블로그』가 떠올랐다. 이 책은 중학생 아들이 1,000일간 글쓰기를 했다는 내용을 담고 있다.

이 책을 읽었어도 부분적인 내용밖에 기억에 남지 않았다. 책 제목과 간단한 줄거리를 썼던 파일을 열었다. 독서를 하면 뇌 어딘가에 흔적을 남긴다는 생각이 든다. 다시 읽을 때는 처음보다 속도가 붙는다. 아이가 글쓰기를 했을 때 보상 부분이 눈에 들어왔다. 중학생인 아들에게 글쓰기 20분을 하고, 1시간 게임을 하도록 허용했다고 한다. '우리 아이는 1시간 공부를 하고 25분 게임을 하니까, 공부는 40분, 글쓰기는 20분을 하고 게임 시간은 30분 정도로 늘리는 것까지는 생각해볼 수 있겠어.'

방법을 찾았다는 생각에 흐뭇한 생각이 들었다. 작전 성공을 위해 사춘기가 찾아온 아이를 관찰하기 시작했다. 아무리 글쓰기의 장점을 이야기해도 아이가 싫다고 하면 뒤로 미루어야 한다. 첫째 아이가 초등학교 5학년이 되었을 때 글쓰기를 시도했다. 5학년까지는 피아노 학원을 다녔지만, 이제는 사교육을 받지 않는다. 집에서 레고로 놀고, 책 읽고, 가끔 피아노 치고, 텔레비전 보고, 미세먼지가 없는 날은 공원에 가서 논다. 공부는 아빠와 도서관에 가서 1시간 수학 인터넷 강의를 듣고, 25분 아이패드로 게임을 한다. 엄마의 설득에 바로 넘어오지 않을 거라는 생각에 계획을 세워야 했다.

"너, 원래 1시간 공부하고 25분 아이패드로 게임을 하니까. 공부 시간을 40분으로 줄여줄게. 어때?"

내 제안에 아이가 묻는다.

"왜? 공부 시간이 20분이나 줄어? 그 시간에 뭐해?"

"글쓰기를 할 거야. 생각하는 힘을 기르기 위해서. 그리고 창의력을 키우기 위해서. 매일 20분씩 어때?"

"난 하기 싫은데."

아이의 이런 반응을 예상했다. 다시 긴 설득이 이어진다. 며칠이 지난 뒤 다시 묻는다.

"그러니까 너를 위해 엄청 좋은 거니까 글쓰기 하자."

"싫은데."

"너 글쓰기 학원 다닐래. 집에서 할래?"

결국 협박을 하게 된다. 그러나 아이는 곧바로 받아친다.

"민주주의 사회에서는 자기 의견을 말하는 게 중요하다고 했는데, 아들의 의견을 일방적으로 묵살하는 건 옳지 않아요."

아차 싶었다. 다시 마음을 가라앉히고 대화를 시도한다.

"협상을 하자. 네가 더 좋은 조건을 제시해."

"생각해볼게."

매일매일 물어도 생각해본다는 이야기만 한다. 아까운 시간이 지나고 있다. 그래도 인내심을 발휘했다. 10일이 지났다. 결국 인내심이 바닥에 닿았다. 재협상을 시작했다.

"원하는 조건이 뭐야?"

"게임 시간 35분. 그리고 용돈 인상."

"게임 시간은 30분. 이것도 아빠와 의논해야지. 용돈은 일주일에 3,000원인데, 얼마나 더 올려줘?"

"글자 수 곱하기 3을 해줘."

글을 쓰고, 용돈을 받는다? 잠깐 머뭇거리게 된다. 그런데 아이의 성향을 생각해보면 뭔가 눈에 보이는 이익이 있어야 좋을 거라는 생각이 들었다. 사교육비로 돈을 쓰는 것보다는 아이에게 돈을 주고 자신이 관리하도록 하는 게 경제 개념을 심어주는 데도 더 도움이 될 거 같았다.

"그래. 알았어. 오늘부터 시작하자."

"좋아요."

협상 결과는 나쁘지 않았다. 아이가 노트북 앞에 앉는다. 원래 글쓰기를 할 때 추천하는 방법은 손으로 쓰기다. 아무리 디지털 기기로 글쓰기를 한다고 해도, 손글씨가 엉망인 아이가 많다. 우리 아이의 글씨도 해독 불가할 때가 많다. 하지만 아이는 엄마와 아빠가 노트북 앞에서 글 쓰는 걸 봐서 노트북으로 쓰겠다고 한다.

"고치는 거 너무 불편해요. 엄마도 컴퓨터로 글쓰기 하니까 저도 그럴래요."

노트북 앞에 앉아 무슨 주제로 쓸지 고민하다가 처음 주제는 자신이 읽은 책의 감상을 적어보겠다고 했다. 얼마 전에 구입한 반려견 행동 전문가인 강형욱이 쓴 『당신은 개를 키우면 안 된다』다. 아이는 키보드 위에 손을 올리고 글을 쓰기 시작한다.

"많은 사람들은 남자 친구나 부모님께 선물을 받아서 또는 외로워서 개를 입양한 경우가 많다. 남자 친구와 헤어지면 개를 버리는 경우도 있고, 여러 가지 이유로 유기견이 늘어나 안락사를 당하기도 한다. 그래서 강아지를 키우려면 준비를 하고 입양을 하거나 유기견을 데려와야 한다. 노르웨이에는 유기견이 없다. 그 이유는 펫 팩토리에서 강아지를 강제로 교배시키는 나쁜 것이 없기 때문이다. 우리나라에서도 펫 팩토리를 없애면 좋겠다. 도시에는 강아지를 산책시킬 때 공원에 강아지가 똥을 누었는데 치우지 않으면 보호자가 벌금을 내야 한다. 하지만 강아지가 먹으면 위험한 담배꽁초나 닭뼈, 부패한 음식을 버리는 사람은 벌금을 내지 않는다. 이런 사람들 때문에 강아지가 산책하기 힘들다. 강아지를 키울 때 강아지가 조금 실수했다고 벌을 주거나 좋은 일을 했다고 바로 칭찬을 하는 것은 강아지를 스트레스 받게 하는 행동이다. 강아지를 키울 수 있는 준비가 되어 있을 때 키워야 한다. 생명을 함부로 대하면 절대로 안 된다."

아이들이 좋아하는
글쓰기 소재

글쓰기를 시작했다. 순풍에 돛을 단 것처럼 순조로울 거라고 는 예상하지 않았지만, 어려움은 너무나 일찍 찾아왔다.

"엄마, 뭐 써?"

아이가 노트북을 들고 와서 묻는다.

"뭘 쓰면 좋을까 생각해봐."

"그냥 엄마가 정해줘."

나는 한참 고민을 하고 나서 이렇게 말했다.

"스마트폰의 문제점은 어때?"

"난 스마트폰 없는데."

"그럼 게임의 문제점은?"

"꼭 문제를 써야 되는 거야?"

"그럼 장점과 단점을 쓰든지."

결국 아이는 태국 여행을 다녀와서 느낀 점을 썼다. 10일 동안 여행을 했는데, 생각보다 느낀 점이 짧았다.

"태국에는 코끼리가 많다. 그래서 코끼리를 타는 체험을 했다. 코끼리를 훈련시킬 때 도구로 때리기 때문에 동물학대를 당한다. 그렇게 훈련을 받는 상황을 알게 되니 코끼리를 타고 싶지 않아졌다. 태국에는 가슴인형과 엉덩이인형 등이 많았다. 초등학생이 보기에 태국 문화가 야하다. 아빠가 저렴한 게스트하우스를 빌렸다. 하룻밤에 7,500원짜리 방에서 자는데 에어컨이 없어서 더웠고 선풍기를 틀면 먼지가 방에 가득했다. 제 구실 못하는 모기장 때문에 가려워 잠을 자기 힘들었다. 가족들의 원성 때문에 아빠는 곧바로 리조트로 옮겼다. 그곳은 에어컨도 있고, 수영장도 있어서 엄청 좋았다."

주제 선택이 초등학생 글쓰기의 절반을 차지한다. 어떤 주제로 쓰는지에 따라 글 쓰는 태도와 내용이 확연히 차이가 난다. 우리는 매일 어떤 주제로 써야 하는지 고민을 했다.

"하루에 있었던 일 중에서 가장 인상적인 걸 쓰면 어때?"

"그런데, 매일 똑같은데."

그건 맞는 말이다. 도시에 살고 있는 아이들은 학교 가고 학원 가는 반복되는 일상뿐이다. 일기를 쓸 때도 무슨 일이 있었는지 찾는 게 힘들었던 걸 떠올려본다. 그렇게 우리는 무엇을 쓸까 고민하느라 정작 글쓰기에 담을 내용은 뒷전으로 밀렸다.

'글쓰기를 너무 일찍 시작했나? 중학생이 된 뒤에 시작할 걸 그랬나?' 문제가 생기면 해결책을 찾기 위해 관련 도서를 들여다보는 것이 내가 사용하는 효과적인 방법이다. 초등학교 선생님들도 글쓰기의 중요성을 인식하고, 아이들을 지도하기 위해 고민하지 않았을까? 인터넷서점에서 검색을 시작했고, 드디어 우리에게 한 줄기 빛으로 다가온 책을 찾았다.

'유레카'를 외치고 싶을 정도였다. 바로 『초등학생이 좋아하는 글쓰기 소재 365』라는 책이다. 초등학교 교사인 저자는 일기 쓰기를 싫어하는 반 아이들을 위해 초등학생들이 관심을 갖고 쓸 수 있는 주제 365개를 제시했다. 책을 넘겨보던 아이도 내가 말한 주제보다 훨씬 재미있는 게 많았는지 흥미를 갖는다.

"엄마, 나 이번에는 모기한테 협박 편지 쓸래요."

새로 찾은 주제가 마음에 들었나 보다. 열심히 키보드를 두드리던 아이가 자리에서 일어난다. 『어린이 과학동아』에 실린 모기 관련 기사를 찾아 인용까지 하면서 20분 만에 글을 썼다.

"모기 네 이놈 감히 잘못 없는 사람들의 피를 빨다니. 동물 피도 많이 있는데 군이 사람의 피를 빨아야겠냐! 앞으로 사람 피 한 방울이라도 빼는 즉시 주둥이를 가위로 잘라버리고 날개를 찢어놓겠다. 정 안 되면 에프킬라를 10번 넘게 뿌려줄 것이다. 그러면 네가 죽겠지. 죽은 시체는 변기에 넣고 물을 내려주마. 만약 네가 그것도 두려워하지 않는다면, 파리채 공격이 이어져 너의 마지막 길이 될 것이다. 너의 남은 시체는 쓰레기통으로 보내지고 쓰레기 소각장에서 너의 몸은 불타 사라질 것이다. 아주 완벽하게 사라지겠지. 그러니까 죄 없는 사람들은 그만 괴롭혀라. 『어린이 과학동아』에 따르면 너는 인간에게 가장 치명적인 동물 1위이고 무려 83만 명을 헤쳤다. 특히 2015년 한 해 동안 말라리아로만 43만 8,000여 명의 사람을 죽였다. 너를 잡기 힘든 이유가 너의 날개 때문인데 너의 날개를 평범하게 만드는 기술이 발전되면 너의 피 빠는 능력이 줄어들 것이다. 모기, 넌 없어져야 돼."

개인적으로는 이 글이 마음에 들진 않는다. 사람 입장에선 모기가 나쁜 게 맞지만, 그래도 모기 입장에선 어쩌랴. 태생적으로 사람의 피를 빨도록 되어 있는데 말이다. 아무튼 그래도 처음에는 글쓰기를 한다는 사실 자체를 칭찬해주어야 한다. 『어린이과학동아』를 인용한 것도 칭찬해주고, 상상력을 발휘해서 쓴 것도 칭찬해준다. 오랜만에 듣는 엄마의 칭찬에 아이도 기분이 좋아진다.

"초등학생 중에 매일 20분씩 글쓰기를 하는 아이는 아마 없을 거야."

글을 쓰면서 아이는 자신만의 생각을 하게 된다. 무엇을 해야 할지 몰라 늘 나한테 묻거나 아침에 등교할 때도 어떤 옷을 입어야 할지 고민하던 아이는 이제 자신이 쓸 단어를 고르고, 문장을 완성한다. 다른 사람의 간섭 없이 자신의 생각을 펼칠 수 있는 때는 글쓰기를 하는 시간이다. 몸이 자라듯 생각이나 글쓰기 실력도 자랄 것이라고 믿는다. 험한 세상을 살아갈 힘도 글쓰기를 통해 얻을 거라고 믿는다.

아이들이 어떤 분야에서 능력을 발휘할지는 모른다. 그 씨앗은 땅속에서 자신의 싹을 틔울 때를 기다리고 있다. 알맞은 물과 적당한 온도가 있어야 씨앗은 싹을 틔울 수 있다. 아이들이 자신의 생각을 가지고 놀 수 있게, 집에서도 학교에서도 글쓰기를 해야 한다.

"미국 초등학생은 여자친구 사귀는 법을 책으로 내서 베스트셀러가 되었대."

"우와, 그 돈으로 짜장면 많이 사먹을 수 있겠다."

"너도 열심히 글을 쓰고 그걸 모아서 책으로 낼까?"

아이는 얼굴에 싫다는 표정을 지었다.

"꼭 그래야 되는 거야?"

"아니. 싫으면 안 내도 되는데, 사람들도 궁금할 거 아냐? 어떤 글을 쓰고, 어떤 일을 하면서 초등학생 시절을 보내는 게 더 좋은지 말이야."

"생각해볼게."

"초등학생인데 책을 낸 경험이 있는 사람은 많지 않아. 엄마와 공동 저자 어때?"

아이의 눈이 반짝인다. 저자가 되는 경험은 아이에게 성취감을 느끼게 할 것이다. 어른 중에도 자기가 쓴 책을 갖는 것이 소원이라고 말하는 사람이 많다. 어릴 때부터 작가가 되기를 꿈꾸며 노력한다는 것은 정말 멋진 일이다.

글쓰기 습관 근육을
키우는 법

아이가 처음으로 자전거를 타다 사고가 났다. 멋모르고 내리막길을 타다가 넘어져서 오른팔을 다쳤다. 곧바로 병원 응급실에 갔다. 다친 정도가 생각보다 심했다. 결국은 전신마취를 하고 팔뼈에 철심을 2개나 박았다. 거의 한 달간 글쓰기를 할 수 없게 되었다.

슬프고도 안타까운 일이다. 이런 어쩔 수 없는 상황이 아니라면 글쓰기는 매일 해야 한다. 그래야 글쓰기 습관 근육이 생긴다. 처음 시작할 때는 눈에 보이는 효과가 없기 때문에 이것을 꼭 해야 하나 생각이 든다. 일주일에 서너 번만 해도 충분하지 않을까 하는 생각도 든다. 하지만 하루에 20분 글쓰기 습관 근육이 생길 때까지 지속성을 갖는 것이 중요하다. 그리고 아이에게 글쓰기의 중요성을 강조하는 것이 필요하다. 글쓰기 실력을 갖춘 사람이 미래 사회를 살아가는 데 도움이 된다는 사실을 아이에게도 반복적으로 알려줄 필요가 있다. 뇌는 자꾸 그 사실을 잊어버리고, 쉽고 재미있는 일만 하고 싶어 한다. 그래서 이런저런 이유로 글쓰기를 건너뛰어서는 안 된다.

하루는 아이가 감기 기운이 있어서 병원에 다녀왔다. 저녁에 먹은 약에 졸음을 유발하는 성분이 있었나 보다. 그날은 글쓰기를 못하고 일찍 잠이 들었다. 그다음 날은 몸 상태가 좀 나아져서 공원에 놀러갔다 와서 피곤해 그냥 자고, 주말에 여행을 다녀오니 나흘이나 글쓰기를 못했다. 어떻게 시작한 글쓰기인데 이렇게 허무하게 끝낼 수는 없었다. 책을 읽고 있는 아이에게 묻는다.

"어제 공부하고 아이패드 몇 분 했어?"

"30분."

"우리가 왜 30분 하기로 했는지 생각해봐야지."

"아, 글쓰기 안 했구나. 밀린 거 다 해야 하는 거야?"

"오늘부터는 미루지 말고 글쓰기를 제일 먼저 하자."

나흘 만에 시작한 글쓰기는 쓰는 속도도 양도 줄어들게 된다. 10분 넘게 끙끙거리던 아이가 쓰기를 멈춘다.

"더 쓸 말이 없는데."

"어디 보자."

아이는 텔레비전과 스마트폰의 장점과 단점을 썼다.

　"텔레비전에서는 사람들의 시선을 끌 수 있도록 자극적인 것을 발표하는 경향이 있다. 대표적으로 뉴스에서는 나쁜 소식을 주로 말한다. 왜냐하면 사람들은 좋은 것보다 나쁜 것을 더 잘 기억하기 때문이다. 그래서 뉴스를 보면 세상을 부정적으로 바라보게 되는 경우가 많다. 텔레비전을 너무 많이 보면 시력이 낮아진다. 그리고 EBS를 보면서 공부를 하는 경우가 많은데 궁금한 것이 있어도 질문할 수 없다. 궁금증을 해결하지 못하면 제대로 알지 못하게 되어 교실에서 선생님과 함께 공부하는 것이 효과가 더 좋다."

　"스마트폰은 시간을 많이 빼앗는데다 중독되는 경우가 많다. 특히 게임중독이 문제다. 게임에 중독되면 잠을 잘 자지 못해 키 크는 데 방해가 되고 기억력 저하, 시력 저하 등 문제가 많다. 그리고 어릴 때 스마트폰을 오랫동안 사용하게 하면 안 된다. 왜냐하면 어릴 때는 중독되기 훨씬 쉬워진다. 이런 상황을 속담으로 표현하면 '세 살 버릇이 여든까지 간다'가 있다. 속담처럼 스마트폰을 잘못 쓰면 나쁜 것이다."

글을 보니 장점은 없고, 단점만 있다. 그 점을 알려주면서, 오늘은 10분만 썼으니 자신이 쓴 글을 더 보라고 이야기했다. 생각하지 않으면 자기 글의 문제가 무엇인지 모른다. 생각하는 시간을 좀더 갖고 쓰도록 하는 것이 좋다.

글쓰기 습관 근육이 붙으려면 오랫동안 그 일을 지속해야 한다. 쓸 것이 없다고 하면 생각하는 시간을 갖는 것도 좋다고 하고, 다시 한번 읽어보고 말이 안 되는 부분을 고치라고 해도 좋다. 글의 양이 아니라 생각하는 습관과 글쓰기 근육이 붙도록 해주는 것이 필요하다. 처음에는 글쓰기가 어렵기 때문에 적절한 보상을 제공하는 것도 중요하다. 물론 보상은 아이와 대화를 통해 정하면 좋다. 게임 시간이나 동영상 보는 시간을 정하는 것도 필요하다.

둘째 아이도 아침에 일어나면 영화 보기를 원한다. 그럴 때 모든 부탁을 들어주기보다는 책을 읽고, 영상을 보도록 지도하는 것이 낫다. 스마트폰 동영상이나 영화를 즐겨보는 아이가 많은데 무조건 금지할 수도 없다. 아이의 글쓰기에 늦은 시기란 없다. 어떤 일을 시작하기에는 지금이 가장 빠른 때다. 아이의 성향도 다르고, 경험이나 지식도 다르기 때문에 어느 나이에 시작해야 한다고 정하는 것은 의미가 없다.

독서 습관을 갖는 것은 글쓰기에 큰 도움을 준다. 많이 읽어야 잘 쓸 수 있다는 건 진리다. 아이가 태어나면 책을 읽어주어야 한다. 매일 아이에게 음식을 주고 기저귀를 갈아주는 것처럼 말이다. 혼자 읽을 수 없을 때는 옆에서 많은 이야기를 들려주는 것이 필요하다. 혼자 읽을 수 있게 되면 일정한 시간 동안 책을 읽을 수 있도록 환경을 마련해주어야 한다.

스마트폰도 일정한 공간(예컨대 현관문 쪽 바구니)에 두고, 텔레비전 소리도 들리지 않는 곳에서 집중하며 책을 읽으면 좋다. 그리고 이때 읽는 책은 만화보다는 줄글로 된 책이 좋다. 가까운 곳에 도서관이 있다면 도서관과 친해지기 위해 그곳에서 읽어도 좋다. 그렇게 매일 독서하는 습관이 생기도록 지원해야 한다.

나와 남편은 아이들이 책 읽기에 거부감이 없도록 키우는 데 많은 공을 들였다. 아이가 어렸을 때부터 많은 책을 읽어주었다. 또, 도서관 옆집으로 이사를 해서 책 읽기가 삶의 일부가 되도록 했다. 부모가 책 읽는 모습을 보면서 아이가 자랄 수 있도록 노력했다. 글쓰기 실력은 독서가 병행되어야 기를 수 있다. 책을 읽고, 자신의 생각을 잘 표현할 수 있는 훈련을 받은 아이는 사신감을 가지고 글쓰기에 도전한다.

우리는 습관적으로 하는 일이 많다. 매일 아침 일어나 학교에 가지, 왜 학교에 가야 할까 별로 고민하지 않는다. 그냥 학교에 가야 하니까 간다. 왜 수업 시간에 조용해야 하는지 생각하지 않는다. 그냥 선생님이 조용히 하라고 하니까 한다. 내가 무엇을 하고 싶은지 고민하지 않는다. 부모가 하라는 대로, 학교나 주위에서 하라는 대로 하다 보면 자신이 이 일을 왜 하는지 생각 없이 하는 경우가 많고, 여러 사람의 이야기에 중심을 잡지 못해 쏠려가는 경우도 많다.

매일 꾸준하게 책을 읽고, 글을 쓰면서 아이들은 생각하는 힘을 기른다. 많은 시간 문제집을 풀고 있지만, 문제를 푸는 기계일 뿐 자기 생각을 말하지 못하는 아이로 자라는 경우를 자주 보았다.

글쓰기 지도에서
필요한 두 가지

소설가가 꿈인 두 집단이 있었다. 한 집단은 지망생이 써온 소설을 보면서 단점을 찾아냈다. 다른 집단은 장점을 찾을 수 없는 글에서도 장점만 이야기했다. 시간이 흘러 두 집단 중 어느 집단에서 소설가가 탄생했을까? 바로 장점을 이야기한 집단이다.

아이가 쓴 글을 읽어보면서 기발한 생각을 한 부분은 웃음이 날 때도 있지만, 맞춤법이 틀린 곳을 보며 인상 쓸 때도 있었다. 주제에 맞지 않는 내용이 중간에 들어 있기도 하고, 500자가 넘는 글을 썼는데 하나의 문장으로만 작성되어 있기도 하다. 주어와 서술어의 호응이 맞지 않을 때도 있다. 단어의 뜻을 제대로 알고 쓴 걸까 싶은 경우도 있다. 부정적인 생각으로 대상을 바라

본 부분도 걸린다. 이런 글을 볼 때면 내 직업의식이 튀어나온다. 국어 교사인 내가 고쳐주고 싶고 틀린 부분을 아이에게 말해주고 싶다. 내 표정을 살피는 아이가 묻는다.

"잘 못 쓴 거야? 그런 거야?"

"아니. 아이디어가 독특하네. 잘했어."

내 말을 들은 아이의 표정이 풀린다. 단점이 보이더라도 그것은 접어두고 칭찬거리를 찾아서 구체적으로 이야기를 해준다. 그래야 아이가 글쓰기에 흥미를 잃지 않는다. 그래도 한두 번이지 아이의 글에서 단점이 먼저 보일 때도 많다. 그런 것을 지적하기 시작하면 아이는 글쓰기를 싫어하고 내가 보는 건 더 싫어할 것이다. 무엇을 쓰더라도 잘 썼다고 칭찬해야 한다. 처음부터 완벽한 글을 쓸 거라는 생각은 내려놓아야 한다.

EBS 〈세상의 모든 법칙〉에서 '부정성 효과'를 보았다. 엘리자베스 루카스Elisabeth Lukas 교수는 어린아이들을 상대로 딸기 실험을 했다. 바구니 안에는 먹을 수 없을 정도로 상한 딸기가 15퍼센트가 들어 있었다. 한 그룹의 아이들에게는 싱싱한 딸기를 골라서 바구니에 담도록 했다. 다른 그룹 아이들에게는 상한 딸기를 골라서 담도록 했다. 선별 작업이 끝나자 아이들에게 바구니에 싱싱한 딸기의 양이 얼마나 되는지 물었다. 싱싱한 딸기를 선별한 아이들은 거의 정확하게 이야기했다. 하지만 상한 딸기를 선별한 아이들은 싱싱한 딸기의 양이 실제보다 훨씬 적다고 말했다. 성인 집단에 같은 실험을 해도 결과는 비슷하게 나왔다.

또 다른 실험 결과가 있다. 자녀가 성적표를 가지고 왔다. 영어 수, 사회 수, 과학 미, 수학 가였다. 이 성적표를 받고 부모는 어떤 반응을 보였을까? 학부모를 대상으로 성적표에서 가장 먼저 시선이 가는 곳이 어디냐고 묻자 수학 성적이라고 77퍼센트가 답했다. 어떤 부정적인 정보가 발생하면 긍정적인 것보다 중요하게 생각하는데, 이것을 '부정성 효과'라고 한다. 99가지 장점보다 1가지 단점이 크게 보이는 것이다.

부정성 효과는 소비자가 물건을 선택할 때도 부정적인 정보를 긍정적인 것보다 두드러지게 만든다. 원시인들은 맹수들의 공격에서 살아남기 위해 부정적인 정보를 더 중요하게 생각하게 된 진화의 산물이라고 한다. 하지만 아이의 글에서 단점만 본다면 큰 장점을 놓칠 수 있다. 초등학생인 아이에게 글쓰기를 하게 하는 이유는 아이가 글쓰기를 통해 지적으로 성장할 수 있기 때문이다. 맞춤법 좀 틀린다고 해도 괜찮다. 중요한 건 글쓰기를 통해 사고하는 과정을 거치는 것이다.

『회색 인간』을 쓴 김동식 작가는 특이한 이력을 갖고 있다. 고등학교를 졸업하고 공장에서 일한 지 10년이 조금 넘었다고 한다. 그는 온라인 커뮤니티에 자신이 쓴 단편소설을 올렸다. '지금까지 없던 독특한 글'을 쓰는 그는 글을 배워본 적도 없고, 평생 읽은 책도 교과서뿐이었다. 그래서 그의 초기 글에는 오타라고 보기에는 민망한 맞춤법 오류가 많았다. 독자들은 댓글로 맞춤법을 지적했다. 그는 잘 몰랐으니 다음에는 틀리지 않겠다고 했다. 중요한 건 맞춤법이 아니라 창의적인 생각이다.

다음으로 아이의 실질적 글쓰기 능력 향상을 위해 필요한 것이 있다. 바로 고쳐쓰기다. 톨스토이는 『안나 카레리나』의 초고를 3주 만에 집필했지만 더 오랜 시간 고쳤다. 『단 한 번의 연애』를 쓴 성석제는 두 달 만에 초고를 쓰고 퇴고를 3개월 동안 했다고 한다. 중국의 뛰어난 문장가 구양수는 글을 쓰면 벽에 붙여두고 문장을 고쳤다고 한다. 괴테는 『파우스트』를 60년 가까이 썼다. 『노인과 바다』를 쓴 헤밍웨이는 "나의 모든 초고는 걸레다"라고 겸손하게 말했다. 뛰어난 작가와 보통 사람의 차이는 고쳐쓰기를 얼마나 많이 했는지에 따라 달라진다.

글을 고칠 때는 숲을 보아야 한다. 먼저 쓰려고 하는 주제에서 벗어난 부분이 없는지 따져보아야 한다. 한 번은 아이가 '독서의 장점과 단점'을 주제로 글을 썼다. 완성된 글을 읽었는데 이런 부분이 있었다.

　　① 책은 유치원이나 초등학생 때 많이 보면 좋다. 그땐 책 읽기가 재미있다고 하는 사람이 많다. 어렸을 때 무언가를 배우면 그것이 나중에 습관이 될 확률이 높기 때문에 ② 유치원이나 초등학생 때 책을 많이 읽는 것이 좋다. 책을 너무 많이 보면 눈이 나빠져 안경을 써야 한다. 책을 아무리 많이 봐도 재미있게 보지 않으면 효과가 없다. 그래서 책 읽기의 효과를 기대하려면 책은 '재미있다'라고 생각해야 한다. ③ 하지만 중학생, 고등학생, 대학생이 되면 공부가 재미있다고 말하는 사람은 요즘 없기 때문에 책을 읽는 것은 일종에 시간낭비라고 생각한다. ④ 종이로 만든 책은 나무를 베어서 만들어서 환경이 파괴되고 1년에 4만 권씩이나 나오는데 볼 만한 책은 몇 권 되지 않는다. ⑤ 그리고 어떤 책이 추천도서가 되면 좀 팔리지만 심사를 할 때 제목만 대충 보는 경우가 많아 책의 내용보다 책의 제목이 더 중요해야 책이 더 많이 팔려 그냥 제목만 갖다 붙이고 해서 책이 점점 별로가 되고 있다. ⑥ 그래서 종이책 대신 전자책으로 책을 보는 것이 훨씬 환경에 좋을 것 같다.

④는 독서의 단점이 아닌 책을 생산하는 방식과 관련된 부분이다. ⑥은 불필요한 종이 낭비를 막기 위해 전자책을 많이 보아야 한다는 것이 독서의 단점이라고 할 수 있을까? 부모가 일방적으로 이 부분을 고치라고 하기보다는 질문을 통해 아이가 생각할 수 있도록 해야 한다. 또 비록 나무가 쓰이긴 하지만 책은 그 이상의 가치를 준다고 이야기하는 것도 필요하다. ⑤는 글과 관련성이 전혀 없다. 삭제해야 하는 부분이다.

두 번째는 소리 내어 읽어보게 한다. 읽다가 매끄럽지 않은 부분이 있다면 고쳐야 한다. ③은 문장이 어색하고, 앞뒤 내용과도 잘 연결되지 않는다. 알맞은 내용으로 수정이 필요하다. 마지막으로 뺄 것이 있는지 찾도록 한다. 비슷한 생각이 나열되거나 같은 말이 반복되는 경우에도 삭제한다. ①과 ②는 반복되니까 아이에게 고쳐보라고 하면 좋다.

가장 중요한 것은 글쓰기가 재미있어야 한다는 것이다. 글쓰기를 공부를 잘하기 위한 수단이라고 생각해 아이를 억지로 책상에 앉아 있게 하면 지속성을 갖기 어렵다. 자기 생각을 마음껏 풀어놓을 수 있게 해야 한다. 아이들은 글쓰기를 시작했다는 사실만으로도 칭찬을 받아야 한다. 아이의 즐거운 놀이가 지속될 수 있도록 부모는 도와주어야 한다.

엄마도
글쓰기가 두렵다

"저도 글쓰기가 두려운데 어떻게 우리 아이를 가르칠 수 있을까요?"

이런 질문을 종종 받는다.

"방법은 간단합니다. 생각을 바꾸면 됩니다. 아이들이 재미있게 쓸 수 있는 주제를 주면 됩니다."

"지도를 안 해도 되나요?"

"네, 안 해도 됩니다. 오히려 아이들의 창의성을 키우는 데 방해가 될지도 모릅니다."

『교육의 미래: 티칭이 아니라 코칭이다』에 보면 '외계인이 기기를 두고 갔는데, 난 정말로 사용법을 모르겠어. 너희들의 도움이 필요해' 하는 식으로 교육 스토리를 세팅해놓으면, 아이들이 '걱정하지 마라, 우리가 분석해보고 알려줄 테니 조금만 기다려' 하면서 자기들끼리 기계를 두드려보고, 돌로 때려서 부수기도 한다. 그러다가 한 아이가 사용 방법을 알게 되면 다른 아이들이 '너, 그거 어떻게 했어?', '이렇게 하니까 이렇게 됐어.' '너는 이거 어떻게 했는데?', '나는 이렇게 하니까 이렇게 됐어' 하며 서로 가르쳐준다.

시작부터 완벽한 글쓰기를 할 수는 없다. 여러 번 글을 쓰면서 시행착오를 통해 배우는 것이다. 처음 글쓰기를 할 때는 글쓰기가 재미있다는 사실을 아는 것으로 충분하다. 글을 쓰기 위해 생각하고 표현하면서 정리하는 과정이 더 중요하기 때문에 맞춤법이 틀리고, 문장 연결이 어색하고, 문단에 다른 내용이 있더라도 칭찬해주는 것이 필요하다. 처음 쓴 글을 여러 번 읽고 고치면, 더 좋은 글을 쓸 수 있다.

아이가 쓴 글을 보면 엄마가 아닌 국어 선생님으로 돌아가 여기저기 지적하고 싶은 마음이 생길 때가 있다. 처음에는 어이없이 틀리는 맞춤법을 지적하고, 주제와 관련 없는 내용은 지우라는 말을 했다. 내 말을 듣고 있는 아이의 표정이 달라졌다.

"내가 그렇게 글을 못 썼어?"

"아니. 잘 썼는데……. 이런 걸 고치면 더 잘 쓸 거라서 말해주는 거지."

칭찬 대신 내 지적에 아이는 글을 쓰고 싶은 마음이 사라지고 만다. 일기장은 비밀이라서 나도 읽는 것을 허용하지 않는데, 그 것을 몰래 읽고 가족들에게 이야기를 하면 아이는 일기 쓰기도 거부하는 일이 생긴다.

새로운 학기가 시작되면 아이들에게 보여주는 그림이 있다. 조지아 오키프Georgia O'Keeffe의 〈분홍 바탕의 두 송이 칼라〉다. 커 다란 캔버스에 잎이나 줄기는 생략하고, 두 송이 칼라 꽃을 클로 즈업해 묘사한 그림이다. 아이들에게 느낌을 물어본다.

"꽃이 엄청 커요."

"꽃이 어떻게 생겼는지 잘 보여줘요."

아이들의 이야기를 듣고, 이어서 말한다.

"꽃을 작게 그렸다면 사람들이 집중해서 보지 않았을 거야. 우 리 반 친구들의 단점보다는 장점을 저 꽃처럼 크게 봐준다면 우 리 반은 무탈하게 1년을 생활할 수 있겠지."

그러자 한 아이가 나태주의 「풀꽃」을 낭송한다. 그림을 보여 주었더니 시로 답하는 감각을 갖고 있는 것이다. 지금은 글쓰기 가 부족해 보이지만 매일 꾸준히 쓰다 보면 처음보다는 분명 나

아질 수 있다. 부모가 할 일은 부족한 부분을 끄집어내어 지적하기보다는 아이가 쓴 글에서 장점을 발견해 크게 칭찬해주는 일이다.

우리가 학창시절에 교과서에서 본 글들과 자신의 글을 비교하면 자신은 역시 글쓰기에 소질이 없다고 실망하게 된다. 교과서에 실리는 글은 글쓰기 전문가가 쓴 아주 훌륭한 글이다. 보통 사람들이 쓰는 글은 화려한 수사법이 있는 글보다 누구라도 읽고 내용을 쉽게 이해할 수 있도록 쓰는 것이 가장 중요하다.

몇 번 글을 쓰다가 포기하는 것은 너무 성급하다. 작가들도 글을 잘 쓰기 위해 엄청난 숙련 과정을 거친다. 그들은 쓰는 삶을 살고 싶어서 쓰고, 고치고, 또 고치는 과정을 반복하는 것이다. 글쓰기는 어렵다는 생각과 완벽한 글을 써야 한다는 생각을 내려놓으면 아이들은 자유롭게 자신의 다듬어지지 않은 생각을 쓸 수 있다. 아이들에게 필요한 것은 생각하고 글을 쓸 수 있는 시간이다.

아이들은 모르는 것이 있으면 여러 번의 시도 끝에 그 방법을 알아내는 능력자다. 새로운 기계가 나왔을 때 어른들은 설명서를 찾아서 작동 방법을 알아내지만, 아이들은 여러 버튼을 누르면서 자연스럽게 방법을 터득해낸다. 글쓰기를 억지로 가르치려고 한다면, 아이들은 자유롭게 생각하지 못한다. 여러 번의 시도 끝에 자신만의 글쓰기 방법을 터득할 수 있도록 기다려주고 격려해주는 것이 필요하다.

글 쓰는 아이 옆에서 부모도 함께 써보는 건 어떨까? 아이들이 얼마나 힘이 들까 서로를 이해하는 시간이 될 수 있을 것이다. 이런 시간을 통해 부모도 성장하고 가족도 함께하게 될 것이다. 육아에 지친 부모도 글쓰기를 하면서 자기 내면에 귀 기울일 수 있다. 맞벌이로 아이와 함께하는 시간이 적다면, 글쓰기를 하면서 서로의 목소리를 들을 수도 있을 것이다. 글을 쓰는 과정을 통해 가족다움을 느낄 수 있게 된다. 아이만 글쓰기를 할 필요는 없다. 어른들 역시 글쓰기를 통해 다른 삶을 살게 된 경우가 많다.

글쓰기에서 사람의 마음을 사로잡는 비결은 솔직하게 쓰는 것이다. 아이에게 하고 싶은 말을 손편지에 담아서 전한다면 사춘기 시절 비딱한 아이의 마음에도 부모의 진심이 전해질 것이다. 자녀와의 행복한 관계를 만드는 데 도움이 될 것이다.

실체를 잘 모를 때는 두려움이 생긴다. 노트북 화면에 아무것도 없는 빈 공간에 커서만 깜빡이고 있을 때 사람들은 무서움을 느낀다고 한다. 처음에 글쓰기는 어렵지만 자주 쓰다 보면 두려움은 사라지고 글쓰기 근육이 붙을 것이다. 부모의 글쓰기도 어렵지 않다. 아이와 함께 용기 내어 보는 건 어떨까?

『엄마의 글쓰기』는 엄마와 아이의 관계를 단단하게 하는 엄마의 손편지가 담겨 있다. 사춘기가 되어 관계가 삐걱거리자 엄마는 손편지에 진심을 담았다.『자존감을 높이는 엄마의 글쓰기 코칭』은 엄마들이 자녀와 함께 글쓰기를 하며 아이들의 무너진 자존감을 회복시키는 이야기가 담겨 있다. 아이의 글쓰기뿐만 아니라 자녀와의 관계를 어떻게 원활하게 유지할 수 있는지 힌트도 얻을 수 있다.

평범하지만
특별한 글쓰기

〈성장문답〉이란 영상을 본 적이 있다. '내 삶을 성장시키는 물음과 대답'이라는 주제로, 여러 전문가가 나와 이야기를 하는 프로그램이다. 마침 여기에 서민 교수가 출연했다. 기생충 박사이자 작가인 그는 글쓰기와 관련된 자신의 과거를 털어놓았다. 처음에 자기 책이 나왔을 때는 무척 훌륭한 책이라고 생각했다고 한다. 그런데 나중에 보니 수준이 너무 낮아 부끄러운 마음이 들었다고 한다. 결국 스스로 사재기를 한 뒤 책을 절판시켰고, 얼마 지나지 않아 책을 낸 출판사는 망했다. 2005년에는 신문 칼럼도 썼는데 이때에 처절하게 실패했다.

이런 우여곡절을 겪으면서도 서민 교수는 글쓰기를 계속했다.

"포기하지 않고 4년간의 지옥 훈련을 경험했다"고 한다. 그 결과 2009년부터 지금까지 그는 좋은 글을 꾸준히 선보였고 이제는 명실상부한 작가로 인정받고 있다. '작은 성취를 경험할 때 자신감이 회복된다.' 우리 아이들에게 꼭 해주고 싶은 말이다.

수업 시간에 글쓰기를 하면 아이들은 부담을 느낀다. "선생님, 뭘 써야 할지 모르겠어요?"부터 "이거 수행평가 점수에 들어가요?"까지 반응도 다양하다. 부담감을 줄이도록 내용은 안 보고 제출 여부만 확인한다고 말하고 자유롭게 쓰라고 한다. 아이들의 얼굴에 있던 그늘이 좀 옅어진다.

10분이 지나도 끙끙거리며 한 줄도 못 쓰는 아이들도 있다. 하지만 돌아다니면서 "좀 도와줄까?", "어제 저녁에 뭘 먹었지? 그걸로 써보는 건 어때?"라고 물으면 그제야 조금씩 쓰기 시작한다. 다른 친구의 이야기를 듣고 갑자기 아이디어가 떠올라서 막힘없이 글을 쓰기도 한다. 다음 시간에 모둠에서 돌려 읽어보겠다고 말하면 진지하게 쓴다. 아이들의 모습을 바라볼 때 교사로서 보람을 느낀다.

수업 마무리를 할 시간이 되어 글을 제출하라고 이야기하면 "아직 다 못 썼는데 종례 끝나고 내도 돼요?", "내일 아침 일찍 가져다 드리면 안 될까요?"라고 묻는다. 쓸 내용이 아직도 많은

데, 표현하는 방법이 서툴러 쓰지 못했다는 이유를 든다.

물론 내일 제출해도 된다고 이야기한다. 글쓰기에는 개인차가 존재한다. 1시간 동안 한 편의 글을 뚝딱 완성하는 아이가 있는 반면, 수업 종이 울리기 전까지 끙끙대다가 두어 줄 정도 적어내는 아이도 있다. 후자에 속하는 아이들에게는 "시간이 좀더 걸려도 되니 끝까지 완성해보는 게 중요하다"는 조언을 해주고, 할 수 있다는 내적 동기를 북돋고, 친구들의 발표를 들었으니 다음은 네가 발표할 차례라는 약간의 자극도 주면 대부분의 아이는 어떻게든 해낸다.

이렇게 한 편의 글을 완성했을 때 아이는 큰 만족감을 느낀다. 이런 성취 경험은 아이의 주도성과 자존감을 높인다. 작은 종이 한 장을 글로 채웠을 뿐이지만, 이는 분명 노력의 결과다. 자기 삶에서 무언가를 창조할 수 있다는 것, 자신의 손으로 무언가를 만들어낼 수 있다는 경험은 무척 중요하다.

"수업 시간에 글쓰기 한 게 가장 기억에 남아요."

어느 날 졸업생이 찾아와 말했다. 그 말을 한 아이는 대부분의 아이가 그렇듯 글을 멀리했다. 하지만 우연한 계기는 사람을 바꿔 놓는다. 어느 날 수업 시간에 황진이의 시조를 배우고 패러디 작품 짓기를 했다. 그런데 마침 그 아이가 뭔가를 적고 있었다.

그렇게 참여하는 건 처음 보았다. 그 아이에게 발표를 시켰는데 처음엔 하지 않으려고 했다. 교탁 쪽에 자리를 만들어주니까 그 제야 쭈뼛쭈뼛 일어나더니 읽기 시작했다.

아! 내 일이야 후회할 줄 몰랐더냐
참으려 했다면 먹었겠냐마는 제 구태여
먹고 후회하는 것은 나도 몰라 하노라
- 「체중계야, 멈춰!」(패러디 시)

여기저기서 박장대소가 터져나왔다. 아이는 배시시 웃으면서 자리로 들어갔다. 장난삼아 쓴 시지만 가능성이 보였다. 아주 잘 했다고 칭찬하면서 글에 재능이 있으니 앞으로도 계속 써보라 고 했다. 아이는 금세 얼굴이 벌게졌지만, 마음속으로 기뻐하는 게 느껴졌다. 그 경험은 강렬했다. 그때까지 글에 관심 없던 아 이는 그 후로 늘 무언가를 읽었다. 자기만의 노트도 갖게 되었 다. 학교생활도 열심히 하면서 수업에 적극적으로 참여하고, 성 적도 좋아졌다.

바닥으로 가라앉은 자존감을 글을 쓰면서 회복하게 되었다 고 이야기하는 아이들도 있다. 글을 쓰기만 했는데 그런 일이 가능하다니 놀랍기만 하다. 미국 심리학자 제임스 페니베이커James Pennebaker 박사는 일정 기간 한 집단에는 폭력, 실연, 자살 시도처럼 끔찍한 경험을 글로 쓰도록 하고, 한 집단에는 일반적인 주제로 글을 쓰게 하는 실험을 했다. 먼 훗날 두 집단의 건강 상태를 짐검했다. 아픈 경험을 쓴 집단보다 일반적인 주세의 글을 쓴 집단이 병원을 찾은 횟수가 43퍼센트가량 많았다. 아픈 경험을 글로 풀어내는 것만으로도 마음과 몸의 건강을 지킬 수 있다는 이야기다. 공부로 바쁜 아이들은 자신을 돌아볼 기회가 많지 않다. 지금 당장 연습장에 글쓰기를 해보자. 어렵지 않게 나를 건강하게 지킬 수 있다.

우리가 쉽게 접근할 수 있는 장르가 바로 수필이다. 수필은 자유로운 형식으로 쓰는 글이다. 친구와 주고받은 카톡 내용, 좋아하는 연예인이나 운동과 관련된 내용, 학교에서 일어난 일, 시험이 끝나고 본 영화 등 소재는 무궁무진하다. 평범한 일상이 특별해지려면 그것에 의미를 부여해야 한다. 매일 겪는 일이지만 그 안에서 깨달음이 있어야 한다는 것이다.

아이들이 쓴 많은 글 중에 '유통기한이 지난 과자'라는 제목의 글이 기억에 남는다. 가끔씩 할머니 댁에 가면 항상 유통기한이 시난 과사를 주셔서 이상하다고 생각을 했다. 어느 날은 할머니가 병원에 입원해서 병문안을 갔는데, 그때는 유통기한이 지나지 않은 과자를 주셨다고 한다. 그리고 그곳에서 지금까지 유통기한이 지난 과자를 주셨던 이유를 알게 된다. 할머니는 손녀가 떠나는 날마다 다시 올 걸 생각해서 과자를 미리 사두었다. 하지만 손녀는 바빴고, 다음번의 방문은 늘 과자의 유통기한을 넘겼던 것이다. 구체적인 경험과 더불어 할머니와 손녀가 주고받은 대화까지 생생하게 표현한 글이다.

아이들이 한 편의 글을 쓴다는 건 작지만 소중한 성취다. 글을 쓰는 것은 돌탑을 쌓듯, 한 글자 한 글자를 쌓는 것이다. 세심하고 정교한 일이지만 그것을 다 쌓았을 때는 영원히 남게 된다. 블로그에 올릴 수도 있고, 친구들에게 보여줄 수도 있다. 글이 모여서 책으로 출간될 수도 있고, 시간이 지나서 내 자식에게 보여줄 수도 있다. 남에게 보이기 싫다면 비밀스럽게 간직해둘 수도 있다.

글쓰기
최대의 적

강원도 속초로 가족 여행을 가기로 했다. 그런데 자전거를 배운 지 얼마 안 된 첫째 아이가 내리막길에서 넘어져 팔이 부러졌다. 여행은 취소되었고, 5일이라는 긴 시간을 집에서 보내게 되었다. 연휴 동안 너무나 심심했던 남편은 중고나라에서 닌텐도 스위치를 사왔다. 이것으로 '젤다의 전설'이라는 게임을 했다. 엄청난 완성도와 세계적 인기를 자랑하는 게임이라며 남편은 극찬을 아끼지 않았다.

48시간을 쉬지 않고 몰두하던 남편은 이것을 다시 중고로 팔았다. 나의 따가운 눈초리를 피하고, 가정의 평화를 되찾기 위한 과감한 선택이었다. 한편 오른팔을 다쳐 아빠가 하는 걸 바라보아야만 했던 첫째 아이는 그때부터 '젤다 노래'를 불렀다. 평소에 보채는 일이 없던 아이가 입만 열면 말했다. 마트에 가서도 닌텐도 스위치를 사달라고 졸랐다.

"엄마를 선택할래? 젤다를 할래?"

내가 협박하듯 이야기를 하면 아이는 시무룩해졌다.

"엄마가 제일 좋아요. 닌텐도는 없어도 돼요."

아이가 이렇게 말은 하지만, 게임을 하고 싶은 마음을 버릴 수는 없었다. 아이가 원하는 걸 사주고 싶은 게 부모의 마음이다. 결국은 타협점을 찾아서 다른 게임기인 닌텐도 위를 구입하기로 했다. 다양한 게임을 가족들과 함께할 수 있었기 때문이다. 물론 무제한으로 할 수 있는 건 아니었다. 40분 공부하고, 20분 글쓰기하고, 30분 게임한다. 주말과 방학에는 40분 더 공부하고, 20분 더 게임하는 것도 허용되었다. 이 방법으로 공부도 시키고, 글쓰기도 했다. 게임 시간도 적당히 유지할 수 있었는데, 난관에 부딪혔다.

아이는 게임을 좋아한다. 그렇기에 게임에 너무 몰두했다. 적을 무찌르고, 게임이 잘 되면 재미있고, 다음 단계로 가기 위해 공부도 더 하려고 한다. 그런데 어려운 적을 만나서 지는 일이 반복되면 게임도 싫고, 공부도 글쓰기도 하고픈 마음이 생기지 않는다고 한다.

"넌 게임하기 위해 공부하고 글쓰기를 하는 게 아니야."

"게임이 아니면 왜 글쓰기를 하고, 공부를 해야 하는지 모르겠어요."

"미래를 준비하는 게 글쓰기고 공부야."

이렇게 말은 했지만 왠지 씁쓸하다. 글쓰기와 배움의 즐거움을 알면 좋겠다고 생각했는데, 게임을 하기 위한 목적으로 글쓰기를 하게끔 만든 내가 잘못은 아닌지 반성하게 된다. 둘째 아이는 형이 게임을 할 때 구경을 한다. 그런데 정작 자신은 게임을 하고 싶지 않다고 한다.

"게임도 안 하고, 공부도 안 할래."

공부의 보상으로 얻는 게임이 자기한테는 필요 없다는 거다. 둘째 아이는 밖에서 뛰어노는 걸 제일 좋아한다. 워낙 활달한 편이라, 공부하는 습관을 갖게 하려고 형이 공부할 때 조금씩 시킨다. 내적 동기를 가지고 공부하면 제일 좋지만, 동기부여가 안 되는 상황도 생긴다. 이런 고민을 남편한테 털어놓았다.

"아이들이 게임을 너무 좋아해서 걱정이야."

"원래 그게 정상이야. 공부하는 게 즐거운 아이가 대한민국에 몇 명이나 되겠어?"

요즘 초등학생들이 선호하는 직업 1순위는 1인 크리에이터라고 한다. 쉽게 말해 유튜버가 되고 싶다는 것이다. 좋아하는 게임 등을 방송하고, 많은 사람이 보면 그게 수입으로 돌아오는 구조다. 성공하기 어려운 연예인들의 실상을 알게 되면서 오히려 유튜버를 더 꿈꾼다고 한다. '유튜브의 신'인 대도서관은 연봉이 17억 원이라고 한다. 초등학생들이 유투버가 되고 싶어 하는 이유를 알겠다. 아이들이 재미있는 게임에 빠지고 동영상에 몰입하는 건 당연한 일이고, 내가 걱정할 일이 아닐 수도 있다.

"너희가 하고 싶은 거 하면 된다. 명문대 진학하라고 강요 안할 거야. 그런데 게임만 하는 건 절대 반대야."

EBS에서 방송하는 초등학교 코딩 프로그램을 알게 된 첫째 아이가 코딩 책을 사달라고 했다. 아이가 뭔가 하고 싶어 하는 것에 고무되어 얼른 책을 사주었다. 알고리즘을 이용해 코딩 프로그램을 짠다. 책상에 앉아서 열심히 프로그램을 만든다. 미사일을 발사해서 뭔가를 터뜨리는 초보적인 수준의 게임이다. 글쓰기 동기부여를 위해 나중에 게임 시나리오를 개발하는 사람이 되어도 좋다고 했다. 내가 안심할 수 있고, 아이들한테도 도움이 되는 게임을 직접 개발하는 것도 좋다고 했다. 그리고 그렇게 하려면 책도 읽고, 알고리즘도 공부하고, 글쓰기도 해야 한다고 말했다.

글을 쓰려면 생각을 해야 하는데, 그 과정이 쉽지만은 않다. 게다가 아이들이 좋아하는 게임이나 동영상 시청을 무조건 금지할 수도 없으니, 긍정적으로 활용할 수 있는 방법을 찾아야 한다. 가끔 글쓰기 주제에서 적당한 걸 고르지 못했을 때는 게임을 활용한다. 게임 속 등장인물의 시각에서 세상을 바라보거나, 사건을 전개시키는 방법이다. 글쓰기가 습관이 되도록 노력한 결과, 이제는 글쓰기가 도움이 된다면서 게임 여부와 관련 없이 글을 쓰려고 한다. 물론 그 단계까지 오려면 꽤나 노력해야 한다.

아이는 강한 적 보스를 물리치기 어려워했다. 게임이 안 풀린다고 짜증을 냈다. 그런 모습을 보고 있자니 한심하기도 하고, 위로해주고픈 생각도 들었다. 하지만 스스로 마음을 다스리라고 그냥 두었다. 시간이 지나 다시 게임을 하더니 결국은 적을 물리쳤다.

"엄마, 나 게임하면서 인생의 진리를 깨달았어요. 어렵다고 쉽게 포기하면 안 되고, 아이템을 모아서 다시 물리치면 어려운 적을 무찌를 수 있어요."

"인생도 그렇단다. 쉽게 되는 일이 어디 있어?"

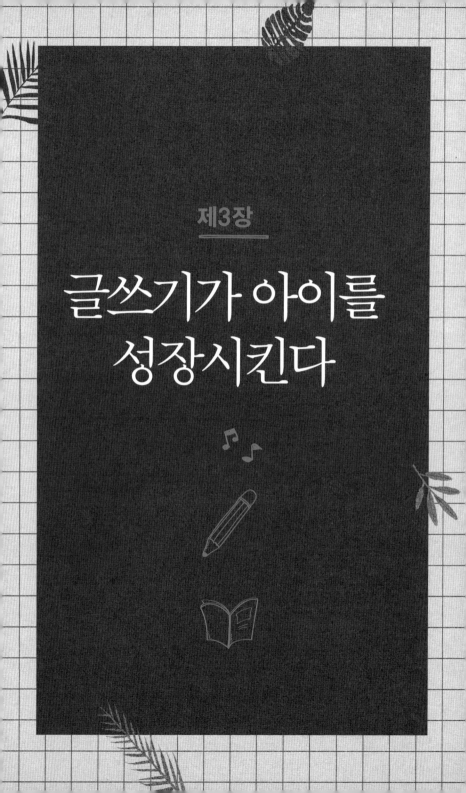

제3장

글쓰기가 아이를
성장시킨다

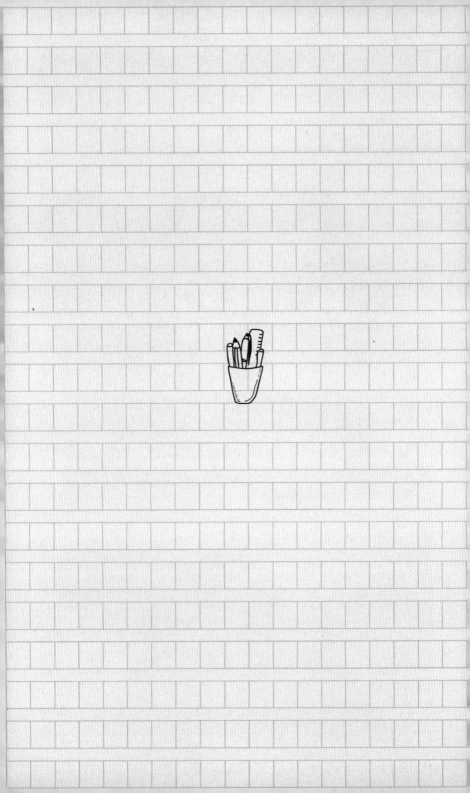

도서관 옆집에서
산다는 것

초성 퀴즈를 풀어보자. 'ㅁㅁㅅㅊㅈㄱ.' 어떤 단어가 떠오르는가? '고사성어, 이사, 어머니, 교육.' 이 정도의 단어라면 머릿속을 스치는 말이 있을 것이다. 바로 맹모삼천지교孟母三遷之敎다. 맹자가 처음 살았던 곳은 묘지 근처였다. 보고 듣는 것이 상여와 곡성哭聲이라 맹자는 늘 그 흉내만 냈다. 자식 기를 곳이 못 된다고 생각한 어머니는 시장 근처로 집을 옮겼다. 이번에 맹자는 장사하는 모습을 흉내냈다. 자식 교육을 위해 어머니는 또 이사를 했다. 서당 근처로 이사했더니 맹자가 글을 읽기 시작해 그곳에 정착하게 되었다는 유명한 고사다.

요즘 많은 가정에서 대화가 사라지고 있다. 거실에 모여 있더라도 텔레비전이나 스마트폰 화면만 들여다보고 있고, 가족에 대한 관심은 꺼져 있다. 소통의 부재로 갈등의 골이 깊어진 가족이 많아졌다. 하지만 가족은 반품, 교환, 환불이 안 된다. 그래서 내 마음에 안 드는 구성원이 있더라도 어쩔 수 없이 부대끼며 살아야 한다.

"이번 주 주말에 도서관에서 무슨 영화 상영하더라?"

"나 얼마 전에 『뺑덕』 읽었거든. 아주 재미있게 잘 썼던데."

"4월에 도서관에서 도서 바자회를 하던데 뭐 내놓을 책 있어?"

우리 동네 도서관에는 행사가 자주 열린다. 월 1~2회씩은 영화나 음악 연주회, 그림 전시회 등을 보았다. 그곳에서 신문과 잡지를 보면서 시사에 좀더 밝아졌다. 평소에는 만나기 어려운 유명 작가의 강연을 가까운 곳에서 들을 수 있는 것도 큰 장점이다. 도서관을 매개로 가족의 대화는 풍성해졌다. 이렇게 대화하고 서로의 생각을 들으면서 가족 같다는 느낌을 받는다. 도서관 옆집살이 덕에 '가족다움'이 생겼다. 가장 중요한 것은 아이들과 함께하는 시간이 그전보다 훨씬 많아졌다는 점이다. 게임을 하던 남편도, 홈쇼핑을 좋아하는 나도 도서관 옆집으로 이사 오면서 많이 달라졌다.

공부는 좋은 성적을 받고 더 좋은 상급학교로 진학하기 위한 수단이 되었다. 그런데 긴 인생을 살아야 하는데 그 많은 즐거움 중에서 앎과 배움의 즐거움을 느끼지 못한다는 것은 큰 슬픔이다. 어린 시절 읽었던 책 한 권으로 꿈이 자라고 인생이 달라질 수 있다. 독서는 인생을 살다가 길을 잃었을 때 방향을 찾게 해주는 네비게이션 역할도 한다. 부모의 잔소리는 결코 방향을 알려주지 않을 것이다. 아이가 책을 좋아할 수 있도록 부모가 책 읽는 모습을 보여주어야 한다.

가족이 함께 미래를 설계하고 꿈을 향해 다가간다. 정말 멋진 일이다. 우리는 미래에 어떤 일을 할지 계속 상상하고 기록으로 남긴다. 가정에서 "스마트폰 그만해라, 게임 그만해라"와 같은 잔소리가 가득하지 않기를 바란다. 그러기 위해서는 책을 읽을 수 있는 환경과 서로의 꿈을 응원해주는 공간을 만들기 위해 도서관 옆집으로 이사할 것을 추천한다. 아이들을 바르게 자라게 하기 위한 최선의 선택이자, 건강한 가족 문화를 만들기 위한 첫걸음이다.

유명한 소설가 스티븐 킹Stephen King은 『유혹하는 글쓰기』에서 작가가 될 수 있었던 이유가 텔레비전이 없던 시대에 태어나서라고 했다. 어른들이나 아이들이 책을 읽지 않는 이유는 책보다 재미있는 것이 많기 때문이다. 텔레비전에서는 다양한 채널에서 재미있는 방송이 나온다. 바쁜 일상을 마치고 집에 돌아와 잠깐 쉬려고 전원을 켜면 앉은 자리에서 1시간이 훌쩍 지나가는 일은 비일비재하다. 텔레비전의 유혹을 벗어나면 손 안에 있는 스마트폰이 유혹한다. 문자메시지만 확인하려고 했는데, 수많은 기사를 확인하다 보면 시간이 흘러간다. 보통 마음을 독하게 먹지 않으면 책을 읽기 쉽지 않다.

아예 거실에서 텔레비전을 치우는 집도 많아지고 있다. 물론 그것이 정답은 아니다. 가장 중요한 것은 통제할 수 있어야 한다는 것이다. 우리 집은 공중파 방송만 나오는데다 인터넷은 되지 않는다. 데스크톱 컴퓨터도 없다. 이렇게 산 지 벌써 5년쯤은 된다. 불편하지 않냐고? 물론 불편하다. 영화 한 편을 다운로드하려고 해도 도서관에 가야만 하니까. 하지만 인간은 환경에 의외로 잘 적응한다. 시간적으로 훨씬 여유 있고, 책도 분명 많이 읽게 된다. 텔레비전이나 컴퓨터가 시간을 얼마나 잡아먹는지는 그것 없이 살아보면 잘 알 수 있다.

구글의 CEO인 에릭 슈미트Eric Schmidt가 미국 펜실베이니아대학 졸업 축사 때 "컴퓨터를 끈다. 휴대전화도 꺼라. 그러면 주위에 사람들이 있다는 것을 발견하게 될 것이다. 첫발을 떼는 손자, 손녀의 손을 잡아주는 것보다 소중한 순간은 없다"라는 말을 했다. 세계 최고의 검색 사이트 대표가 이런 말을 하다니 참으로 역설적이다. 그렇기에 진심이 느껴진다.

아이가 어릴 때 식당에 가면 밥이 입으로 들어가는지 코로 들어가는지 모를 때가 많다. 칭얼거리는 아이를 달래기 위해 스마트폰을 앞에 놓고 밥을 먹게 하는 경우도 있다. 여러 실험 결과를 인용하지 않더라도 이렇게 하면 아이에게 좋지 않다. 아이가 울 때 스마트폰을 주었기 때문에 반복적으로 울고 스마트폰을 보려고 하는 것이다. 아이가 좋아하는 인형이나 그림을 그릴 수 있는 도구나 책을 가지고 가는 것이 좋다.

아이들이 노는 순간, 그 속에서 창의력이 생긴다. 그런데 아이들이 놀 시간이 없다. 텔레비전 보는 것만 줄여도, 게임만 줄여도 그 없던 시간이 생긴다. 뉴스에서 끔찍한 10대 범죄를 많이 보기 때문에 범죄율이 높다고 생각하지만, 실제 청소년 범죄율은 낮아지고 있다. 청소년들이 게임을 하느라 밖을 돌아다니지 않기 때문이라는 것이다. 웃을 수만은 없는 사실이다.

중요한 것은 환경이다. 아이가 궁금한 것을 해소할 수 있는 환경을 마련해주어야 한다. 아이들이 주로 생활하는 공간에 잡지나 책, 지구본 등이 있으면 좋다. 아이가 지식 생산자가 될 수 있어야 한다. 『아날로그의 반격』에서는 인터넷을 사용하는 시간이 길수록 수학 성적이 낮아진다고 한다. 어른들도 스마트폰을 하다 보면 시간 가는 줄도 모른다. 당연히 아이들 역시 어려움이 많다. 스스로 통제하는 힘을 기르기 전까지는 어른들이 환경을 조성해주는 것이 필요하다.

창의력을 발휘할 수 있는
생각의 도구

"엄마, 재미있는 이야기해줘."

"냉장고를 열었는데……."

"아니야. 냉장고를 열었는데, 딸기잼, 블루베리잼이 있는 이야기 말고. 진짜 재미있는 이야기."

아이들은 자동차를 타고 이동할 때 재미있는 이야기를 해달라고 조른다. 잠들기 전 할머니가 해주신 옛날이야기는 어른이 되어도 오래도록 기억에 남아 있다. 살아남기 위해 매일 밤 이야기를 했던 『아라비안나이트』의 세헤라자드를 예로 들지 않아도 이야기의 힘은 강한 걸 알 수 있다. 시간이 멈춘 것 같던 수업 시간에도 선생님께서 해주던 잡담은 잘 떠오른다.

아이들은 잠들기 전에 꼭 책을 읽어달라고 한다. 내 체력이 남아 있을 때는 3권까지 읽어준다. 물론 그전에 아이들이 잠들면 그렇게 기쁠 수가 없다. 여행을 가게 되면 책을 가지고 가기 어려워 기억에 남아 있는 전래동화를 들려준다. 그것도 이야깃거리가 바닥나면 새로운 방법을 찾아야 한다. 예컨대 '은혜 갚은 까치'와 '혹부리 영감 이야기'를 조합해서 새로운 이야기를 만들기도 한다.

마트에는 장난감이 많다. 아이들의 성화에 비싼 값을 치르고 사주어도 아이들은 금방 흥미를 잃어버린다. 부모 세대가 자랄 때는 골목에만 나가도 친구들과 다양한 방법으로 놀 수 있었다. 요즘 아이들은 장난감에 빠져 있지만, 놀이의 즐거움에서는 멀어지고 있다. 아이들은 맥포머스와 레고로 끊임없이 그들만의 세계를 만든다. 거실도 자기 방에도 아이의 작품들이 한 자리를 차지하고 있다. 바닥 청소를 해야 할 때는 작품들을 피해 기술적으로 해야 한다. 가끔 청소를 하다가 작품이 망가지면 바로 알아차린다.

"엄마가 이거 부순 거야?"

"청소하다가 그랬지. 다시 만들어."

아이들이 노는 장난감에는 이야기가 담겨 있다. 신도시를 설계하는 과정을 들여다보고 있으면 기발하다는 생각이 든다. 둘째 아이는 스케치북에 지도 그리기를 좋아한다. 그 위에 비행기도 올려놓고, 배도 올려놓는다. 군사작전 지시를 하는 것 같다.

"엄마, 맥포 왕국이랑 무순 왕국이 싸웠는데 힘이 없어서 무순 왕국이 땅을 잃었어."

지도에 등장하는 맥포 왕국과 무순 왕국은 끊임없이 전쟁을 한다.

"두 나라는 왜 맨날 싸움만 한다니. 좀 사이좋게 지내라고 해."

어느 날은 무순 왕국이 사용하는 언어를 만들기도 한다.

"무순이 나라에서는 '안녕하세요'는 '무문'이야. '쓰레삐삐'는 '자동차'. '오만똘리'는 '밥 주세요'."

나라마다 인구가 얼마나 되는지 형과 의논을 한다. 왜 저런 걸 하고 노나 생각이 든다. 어느 날 아이들이 노는 방식이 창의성을 키우는 '월드 플레이'라는 걸 알았다. '월드 플레이'는 쉽게 말하면 가상 세계 놀이다. 아이는 자기만의 세계를 완성한다. 가상 세계에 사는 사람들이 사용하는 음성 언어와 문자 언어까지 만들어낸다.

창의성을 갖고 있던 사람들은 자신만의 세계를 만들어 놀았다고 한다. 『제인 에어』, 『폭풍의 언덕』을 쓴 브론테 자매는 어린 시절부터 '글래스타운Glass Town'이라는 가상 세계를 만들며 놀았고, 독일의 철학자 프리드리히 니체Friedrich Nietzsche는 동생과 '다람쥐 왕'이 나오는 가상 세계를 만들고 시와 희곡을 쓰며 어린 시절을 보냈다. 영국의 작가 C. S. 루이스C. S. Lewis는 『나니아 연대기』를 쓴 작가다. 어린 시절에 형과 함께 멋지게 차려 입은 동물들과 중세 기사들이 나오는 세계를 만들고 그 세계를 '애니멀 랜드'라고 불렀다. 아이가 상상의 세계에서 즐겁게 놀 수 있도록 도와주는 것도 창의성을 키우고 글쓰기를 할 때 도움이 된다.

미셸 루트번스타인Michele Root-Bernstein은 남편과 함께 『생각의 탄생』을 저술했는데, 『내 아이를 키우는 상상력의 힘』에서 월드 플레이에 대해 이렇게 말했다.

"월드 플레이를 하는 아이들은 세상을 바꾼 천재들이 창의력을 발휘하는 데 사용한 13가지 생각의 도구를 자유자재로 활용한다. 이들은 창조된 세계를 현실처럼 만들기 위해 자신이 세계에 대해 알고 느끼는 모든 것을 진짜처럼 통합하고 조합하는 연습을 한다. 가상 세계를 진짜처럼 창조하면서 상상력의 근육을 마음껏 발달시킨다."

'월드 플레이'를 알게 되면서 아이가 창조한 세계를 존중해주기로 마음먹었다. 또한 아이들에게 적절한 질문을 통해 구체화할 수 있도록 도움을 주면 좋다.

이야기를 만들면서 노는 것은 글쓰기에 큰 도움이 된다. 놀 때 창의력이 생기고, 놀이를 통해 배움이 일어난다. 아이들과 놀아주기 위해서 산 게임이 있다. '이야기톡'이라는 보드게임이다. '숨어 있던 서사 창의력이 생기는 스토리텔링 보드게임'이라는 거창한 광고 카피가 달려 있는데, 아이들과 해보면 의외로 재미있다. 그림으로 이야기를 만들 수 있는 그림카드와 다른 사람의 차례에 끼어들 수 있는 방해용 찬스카드, 이야기의 결말이 담긴 결말카드가 있다. 자기가 갖고 있는 결말카드 내용으로 이야기를 끝내야 이길 수 있다. 결말카드만 봐도 재미있는데, 여기에는 200개의 영화 결말과 블라디미르 프로프Vladimir Propp라는 예술이론가의 작품이 반영되어 있다.

예를 들면 '정신을 차려보니 꿈'이었다거나, '성형수술이 대박나서 성공했다'거나 하는 내용이 있다. 그림에 나와 있는 내용을 단순히 나열하면 안 되고, 앞사람의 이야기에 이어지도록 내용을 전개해야 한다. 처음에 하면 이야기가 산으로 가는 경우가 있는데, 몇 번 반복하다 보면 그럴듯한 이야기가 만들어지게 된다.

정해진 결말로 이야기를 끝맺어도 되지만, 다섯 조각 카드로 좋은 이야기를 만들 수도 있다. 좋은 이야기를 만들기 위해서는 주인공이 어떤 일을 하고, 무슨 일로 주위 사람들과 갈등을 하며, 그 갈등을 해결하기 위해 어떤 노력을 해서 결말에 이르는지 해당되는 카드를 고르면 된다.

'이야기톡'은 기말고사가 끝난 교실에서 아이들과 이야기 만들기 수업을 할 때도 활용했다. 이야기 만들기 매력에 빠져서 곳곳에서 웃음소리가 들린다. 게임에서는 승패가 중요한데, 이야기를 할 때는 결과보다 이야기를 만드는 과정에 집중하면서 재미를 느낀다. 한 아이가 '신데렐라는 백마 탄 왕자님을 만나 행복하게 살았답니다' 하며 뒤에 일어날 일을 썼다.

"신데렐라가 백마 탄 왕자님과 결혼하자 화가 난 계모와 딸은 신데렐라의 유리구두를 신데렐라에게 던졌지만 말이 막아주고 계모와 딸들은 왕비 모독죄로 죽었다. 일곱 난쟁이들은 왕비의 시종이 되었다. 그런데 마법사가 빌려준 옷을 돌려주지 못해 그만 신데렐라에게 저주가 내렸다. 그 저주로 신데렐라는 좀비가 되었다. 백마 탄 왕자와 일곱 난쟁이들은 마법사에게 자신들은 영원히 신데렐라와 함께 있고 싶다고 했다. 왕자, 일곱 난쟁이들도 결국 좀비가 되었다. 그래서 그 왕국은 마법사가 다스리게 되었다."

아이들은 놀면서 자기만의 세계를 만들어간다. 책상에 앉아서 끙끙거린다고 이야기를 만들 수 있는 것은 아니다. 놀면서 창의성이 생긴다. 놀이의 효과에 대해 주목하는 사람이 많아지는 이유다. 상상력을 키울 수 있는 이야기 만들기가 아이의 글쓰기 실력을 자연스럽게 키워줄 것이라고 믿는다.

변화로 이끄는
시간의 마력

"우리 아이는 글쓰기를 귀찮아해요. 그래서 독후감 쓰기나 일기처럼 학교 숙제만 겨우 하거든요. 이런데도 글쓰기를 할 수 있을까요?"

물론 할 수 있다. 『유시민의 글쓰기 특강』에는 "글은 재능이 아닌 연습의 결과"라고 한다. 여러 번 강조하지만 글쓰기를 잘하는 사람은 타고나지 않는다. 자신의 노력으로 글쓰기 능력을 발전시킬 수 있다. 그럼 어떤 노력을 해야 좋을까?

새해가 되면 목표를 설정한다. 외국어 공부를 해야지, 운동을 시작해야지, 다이어트를 해야지……. 하지만 그 계획을 실천으로 옮기는 일은 무척 어렵다. 의지가 약한 자신을 탓하지만, 사실은 계획 세우기 단계부터 문제가 있었다. 목표에 집중할 수 있고, 부담스럽지 않도록 계획을 세워야 성공 확률이 높아진다. 어떤 일을 계획하고 실천하는 일은 작은 것일수록 좋다. 부담 없이 실천할 수 있도록 말이다. 그래야 꾸준히 할 수 있다.

『하루 1%』를 쓴 이민규 교수는 거대한 계획은 변화의 걸림돌이라고 말한다. 하루는 24시간, 1시간은 60분, 하루는 1,440분이다. 하루 1퍼센트의 시간은 약 14분이다. 그 1퍼센트가 나를 변화로 이끌 수 있다. 나의 시간 중에 1퍼센트만 쓰겠다는 마음을 먹는 것이 변화의 출발이 될 것이다. 멀리 내다보고 작게 시작해야 한다고 말한다. 인간과 침팬지의 유전자는 99퍼센트가 동일하다고 한다. 겨우 1퍼센트의 차이로 인간은 침팬지와 다른 삶을 산다. 변화에 실패하거나 성공한 사람도 이런 작은 차이에서 시작된다.

그래서 15분 읽기, 15분 쓰기를 강조하는 이유다. 겨우 15분으로 무슨 변화가 생기겠냐고 의심하는 사람들도 있을 것이다. 15분씩 한 달이면 450분, 7.5시간이다. 결코 적은 시간이 아니다. 작은 계획을 매일 실천할 때 변화는 가능하다. 작고 사소한 것도 반복하면 거대한 계획을 성취하는 데 도움이 된다.

아이의 눈높이에 맞는 그림책 『쿵쿵이의 대단한 습관 이야기』

를 읽으면 좋다. 이 책은 좋은 습관을 갖기 위한 노력을 엄마와 함께하는 재미있는 놀이로 느끼게 해준다. 내가 노력한 만큼 보상을 받을 수 있는 것이 습관이라는 것을 알게 해준다.

엄마는 매일 30분씩 하늘 자전거 타기를 해서 살을 뺀다. 그래서 입고 싶었던 옷이 몸에 맞게 된다. 쿵쿵이는 매일 줄넘기를 100개씩 한다. 그래서 아침밥도 매일 먹고, 힘도 세진다. 좋은 습관은 좋은 습관을 낳고, 나쁜 습관을 덮는다. 이 책은 어떤 행동을 습관적으로 하려면 최소 66일은 지속해야 한다는 것을 말하며, 동기부여를 위한 보상도 적절히 사용하면 좋다는 것을 가르쳐준다.

『꿈꾸는 국어 수업』을 쓴 송승훈 선생님의 독서 교육 강의를 들었다. 독서 교육은 쉽고, 교사의 힘이 덜 들어야 성공할 수 있다고 한다. 그 방법으로 '수업 시간 10분 책 읽기'를 강조했다. 국어 시간이 일주일에 4번 있다면 40분이라는 긴 시간에 독서를 할 수 있다. 일주일에 20시간 수업이라면 200분을 독서에 집중할 수 있다는 말이다. 일주일에 1권, 한 달에 4권을 읽을 수 있다는 말을 듣고, 바로 실천으로 옮겼다.

아이들에게 자신이 읽고 싶은 책을 가져오라고 했다. 책을 가지고 오지 않았을 때를 대비해 여분의 책이 교실에 있으면 좋다.

학급문고가 구비되어 있으면 더욱 좋다. 우리 학교는 교과교실제가 시행되고 있어서 내가 수업하는 교실에 50권 넘는 책이 있다. 이때 학급문고는 짧은 시간에 흥미를 갖고 읽을 수 있는 책으로 준비하는 게 좋다.

교사도 준비를 해야 한다. 쉬는 시간에도 여러 가지 일을 하다 보면 수업 종이 울리고서야 교무실에서 출발하는 경우가 있다. 교실까지 도착하는 시간은 1~2분이 걸린다. 제대로 10분 독서를 하려면 아이들도 수업 종이 울리기 전에 자리에 앉아 준비를 하도록 전달하고, 교사도 수업 종이 울리기 1~2분 전에 교무실에서 출발해야 한다.

교실에 들어가서는 교사도 열심히 책을 읽어야 한다. 아이들은 책을 읽고 있는데, 교사는 노트북을 보며 잡무를 처리하고 있다면 아이들은 교사의 시선을 피해 다른 일을 할 것이다. 아이들이 집중하도록 천천히 교실을 한 바퀴 돌아다니는 것도 좋다.

물론 독서는 그 자체만으로도 좋다. 하지만 아이들의 성향에 따라 간단한 기록 양식을 국어책 앞에 붙이는 것도 좋다. 이때 기록은 최소로만 한다. 날짜, 책 제목, 저자의 이름을 기록하고, 읽고 있는 부분에 대해 한두 마디만 적도록 한다. 그냥 읽게만 한 적이 있었다. 1~2명은 한 학기 내내 검사를 위해서만 같은 책을 꺼내놓는 경우가 있었다. 그럴 때는 아이들에게 기록 양식은 학교생활기록부 독서활동을 기록할 때 도움이 된다고 꼭 이야기를 한다.

시계를 보면서 10분 독서가 끝났다는 말을 하거나, 시험 진도 때문에 10분 독서를 생략해야 할 때면 아이들은 아쉽다고 한다. 집중해서 책을 읽을 수 있는 시간이 정말 행복하다고도 한다. 독서 시간이 지난 뒤 아이들은 차분한 상태가 되어 있어 수업하기에도 좋은 분위기가 된다. 한 사람의 열 걸음보다 열 사람의 한 걸음이 낫다. 독서 교육도 여러 교사의 참여가 높아야 잘 된다. 우리 학교는 국어 시간에 10분 독서를 한다. 학년이 바뀌더라도 마찬가지다. 일상생활 속에서 책을 가지고 다니고, 틈틈이 읽을 수 있는 기회를 제공해 독서 습관을 기를 수 있도록 도와준다.

얼마 전 학부모 상담 주간에 만난 한 학부모가 말했다.

"선생님, 수업 시간에 책을 읽는다고 들었어요. 정말 좋은 방법이더라고요. 아이가 집에 와서도 계속 책을 읽어요. 저도 아이와 함께 책을 읽기 시작했어요."

수업 시간에 모든 아이가 책을 읽기 때문에 책에 관심 없던 아이들도 자연스럽게 책을 읽는다. 책을 읽기 시작하면 관성의 법칙처럼 계속 읽어내는 힘이 생긴다. 작은 변화지만 아이의 먼 미래를 본다면 큰 변화의 시작점이 되는 것이다. 재미있다고 느낀 책은 집에 와서도 읽는다며 부모님들이 좋아한다.

정세랑의 『보건교사 안은영』을 읽고 있었다. '안은영'은 고등학교 보건교사 외에 '퇴마사'로 활약한다. 플라스틱 칼과 BB탄 총으로 악귀를 물리친다. 아이들을 지키는 위해 분투하는 모습은 조금 유치하지만 술술 넘어간다. 쉬는 시간에 교탁으로 다가온 아이가 묻는다.

"선생님, 그 책 재미있어요?"

"엄청 재미있어. 보건 선생님이 BB탄 총과 무지개 칼로 귀신이랑 싸우거든."

"우와, 읽고 싶어요. 선생님, 제가 일등으로 찜했어요."

서로 읽은 책을 권하면서 책을 매개로 아이와 대화의 문이 열린다. 아이들과 친해지면 수업 시간뿐만 아니라 생활지도도 한결 수월해진다. 사춘기가 되어 엄마가 묻는 말 외에는 말하지 않는 자녀를 두고 있다면, 아이가 읽는 책이 무엇인지 확인해보자. 대화의 물꼬가 열릴 수도 있다.

책을 읽으라는 교사의 말은 종례가 끝남과 동시에 허공에서 사라진다. 아이들은 스마트폰을 받자마자 게임하기에 바쁘다. 책을 읽고 싶지만 시간이 없다고 말하는 아이도 많다. 등교시간이 늦어져서 아침에 책 읽을 시간을 확보하기가 어려워졌다. 독서 교육의 중요성은 갈수록 강조되고 있지만 막상 교육 현장에서는 책 읽을 시간이 줄어들고 있다. 내 삶의 변화를 원한다면 먼저 10분만 투자해보면 어떨까? 아이는 부모의 뒷모습을 보면서 성장한다. 아리스토텔레스는 "한 사람을 규정하는 것은 그가 매일 반복적으로 하는 일이다. 그러므로 위대한 것은 습관이다"라고 말했다. 모든 성공에는 작은 습관이 있다.

질문에서 시작하는 글쓰기.

"혹시 질문할 거 있니?"

수업이 끝나기 전에 항상 아이들에게 묻는다. 당연히 질문할 거리가 없다는 것을 잘 알고 있으면서도 말이다. 몇 년 전에는 수업 시간에 질문하는 아이가 있었다. 그런데 그 아이는 다음 수업 시간부터 질문이 점차 줄더니 나중에는 아예 입을 닫아버렸다. 그 아이가 잘난 척하기 위해 질문을 한다고 다른 아이들이 오해해서 생긴 일이었다.

연수를 가거나 강연을 들으면 끝나기 10분 전에는 질문을 주고받는다. 1시간 넘게 강사의 이야기를 들었으니, 나도 목소리를 한 번 내야지 생각하면서 질문거리를 적어둔다. 좋은 질문을 하겠다는 생각을 하면 강의에 집중도 잘 되고, 메모도 더 열심히 하게 된다. 강의를 잘 듣기 위한 나만의 방법이다.

선생님들을 대상으로 하는 강의에서 청중으로 앉아 있을 때였다. 그때도 '프로질문러' 본능이 작동해서 강의가 끝난 후에 질문을 했다. 무슨 질문을 했는지 지금은 기억나지 않는다. 그런데 강의가 끝난 후 다른 선생님들에게서 칭찬을 받았다. 질문이 핵심을 짚는 내용이었고, 궁금한 걸 묻고 답하는 분위기를 만들어 주었다고 말이다.

대학교 2학년 때 들었던 음운론 강의가 아직도 기억에 남는다. 교수님은 첫 시간에 칠판에 음운이라는 단어를 아주 크게 적었다.

"음운의 정의를 말해보세요."

교실에 모인 40명의 국어교육과 학생은 한동안 잊고 있던 음운의 정의를 생각해내려고 애를 썼다. 5개 답지 중에서 1개를 선택하는 건 익숙하지만, 개념을 생각해내려니 쉽지 않았다. 교실에 침묵만 흐르자 교수님은 다시 물었다.

"정답을 말하지 않아도 괜찮아요. 그냥 생각나는 대로 말해요."

"사람이 내는 소리입니다."

용기 있는 한 학생이 이렇게 말했다.

"탁!"

교수님은 책상을 손바닥으로 내리쳤다.

"이것도 음운인가요?"

"사람이 입으로 내는 소리입니다."

그러자 교수님은 입으로 혀 차는 소리를 냈다.

"이것도 음운인가요?"

이런 식으로 수업이 이루어졌다. 음운의 정의를 도출하기 위해 1시간 내내 학생들에게 질문을 했다. 우리는 답답해졌다. 그냥 빨리 음운의 정의를 칠판에 적고, 시험에 나오니까 외우라고 하면 될 것을 왜 이렇게 음운의 정의만을 가지고 1시간이나 수업하는지 이해하지 못했다. 수업 시간이 끝난 후에 우리는 음운의 정의를 외우지 않아도 완벽하게 이해하게 되었다.

음운은 사람의 발성기관을 통해 내는 말의 뜻을 구별하는 소리의 최소 단위다. 교과서에는 이렇게 정의되어 있고, 나도 수업을 하면서 아이들에게 중요한 개념이니 외우라고 한다. 가끔 음운에 속하는 다른 건 없냐고 묻는 아이들이 있으면 기뻤다. 수업 중에 선생님이 가르치는 것 외에 궁금한 것이 있구나 하는 생각이 들어서 말이다.

도서관에 저자 특강이 있는 경우에는 참석하려고 노력한다. 강연을 듣고 질문을 하는 것도 잊지 않는다. 질문을 한다는 것은 수동적인 태도에서 벗어나 능동적인 태도를 지닐 수 있게 해준다. 이것은 학교에서 배우기 어렵기 때문에 의도적으로 노력하는 것이 필요하다.

한국인들이 질문을 안 해서 국제적으로 망신을 당한 사건이 있었다. 2010년 G20 폐막식 연설에서 버락 오바마Barack Obama 대통령은 한국 기자들에게 질문권을 준다고 했는데, 여러 번이나 기회를 주었지만 아무도 질문하지 않았다. 이 장면은 질문이 사라진 우리 교육의 문제를 이야기할 때 단골로 등장한다.

우리는 질문을 하지 못하는 분위기에서 공부했다. 질문을 하면 많은 사람의 따가운 눈총을 받아야 하는 공간이 바로 학교다. 아이들은 원래 '프로질문러'다. 어렸을 때는 사소한 것이 많아 이것저것을 많이 물었다. 그런 프로질문러들이 자라면서 입을 닫게 되었다.

요하네스 케플러Johannes Kepler는 행성들이 태양을 중심으로 타원 궤도를 그리면서 공전한다는 사실을 밝힌 독일의 천문학자다. 그 이전에 과학자들은 원 궤도로 행성이 돈다고 생각했다. 케플러는 스승인 덴마크의 천문학자 튀코 브라헤Tycho Brahe가 남긴 천문 관측 자료를 가지고 화성의 궤도를 그렸다. 그런데 스승이 관측한 화성 궤도로는 원의 조합이 나오지 않았다. 다른 사람들이라면 계측이 잘못되었을 거라고 생각해 화성 궤도는 원이라는 생각에서 벗어나지 못했을 것이다.

케플러는 그 이유를 끊임없이 생각했다. 왜 그런지 질문을 하고 결국 알아냈다. 화성의 궤도는 타원이라는 것을 말이다. 케플러는 어떻게 새로운 법칙을 발견했을까? 그건 상식에 머무르지 않았기 때문이다. 아이들도 지식을 그대로 받아들이는 것이 아니라 질문하고 비판적으로 사고할 수 있는 태도를 기르는 것이 중요하다.

글을 읽을 때 제목을 보면서 어떤 내용이 전개될지 예측해보라고 이야기를 한다. 내가 예측한 대로 글이 진행될 수도 있고, 반대의 내용으로 전개될 수도 있다. 생각하지 않고 읽으면 저자의 의도를 파악하기 어려워진다. 수업을 할 때도 제목을 보고 어떤 내용인지 상상해보라고 말한다. 법정 스님의 「먹어서 죽는다」라는 수필을 읽지 않은 채 아이들에게 질문을 했다.

"얘들아, 뭘 먹으면 죽을까?"

독약, 쥐약, 사약 등 아이들은 끔찍한 것들을 답했다.

"정말 그런 것들을 먹었을까? 이유를 찾으면서 책을 읽어보자."

"처음에는 몸에 안 좋은 음식을 먹어서 죽는 거라고 생각했어요. 그런데 글을 다 읽고 육식이 나쁘다는 걸 알게 되었어요."

"고기가 맛있어서 당장 끊을 수는 없겠지만, 육식 위주의 외식문화의 문제점에 대해 생각해보는 계기가 되었어요."

그냥 읽는 것과 질문을 하고 답을 찾으려고 하면 내용 이해에 많은 차이를 보인다. 생각하는 과정 속에서 생각이 자라고 글쓰기 실력도 자란다.

알베르트 아인슈타인Albert Einstein을 위대한 물리학자로 만든 것은 8할이 질문이라고 한다. 천재를 칭하는 일반명사가 되어버린 아인슈타인은 질문을 통해 성장했다. 현대 경영학의 창시자라 불리는 피터 드러커Peter Drucker는 "노벨상을 탄 사람과 아닌 사람의 가장 큰 차이는 IQ나 직업윤리가 아니라 더 큰 질문을 던지는지 아닌지다"라고 말했다. 강연이나 수업이 끝난 후에 이제는 손드는 것을 주저하지 말자. 모르는 것을 물을 수 있는 당당함이 더 아름답다. 질문과 대화가 글쓰기 실력을 키운다는 사실을 기억하자.

독서는
글쓰기의 필수다

『랩걸』을 읽었다. 이 책은 과학자의 반열에 오르기까지 노력
한 여성의 이야기다. 여러 에피소드도 흥미로웠다. 해당하는 곳
에 표시를 하고 나중에 글을 쓸 때 꼭 써먹어야겠다고 생각했다.
특히 이 부분에 포스트잇을 붙였다.

"북쪽 지방에서 자라는 나무들의 대부분은 겨울 여행을 할 준
비를 잘 해내므로, 서리 때문에 죽는 경우는 극도로 드물다. 가을
날씨가 따뜻하건, 춥건 상관없이 경화 과정은 시작된다. 기온의
변화가 아니라 24시간의 순환 주기 중 빛이 존재하는 시간이 감
소하는 것을 감지해서 낮이 점점 짧아지는 것을 알고, 월동 준비

에 들어가기 때문이다. 한 해는 온화했다가 한 해는 혹독했다가 하는 식으로 겨울 기온은 변덕을 부리더라도 가을에 낮이 짧아지는 변화는 해마다 똑같다.……날씨는 변덕을 부릴 수 있지만, 언제 겨울이 올지 알려주는 태양은 신뢰할 수 있기 때문에 억겁의 세월 동안 나무들은 경화 과정에 의존해 겨울을 날 수 있었다. 식물들은 세상이 급속도로 변화할 때 항상 신뢰할 수 있는 한 가지 요소를 찾아내는 것이 중요하다는 것을 알고 있다."

북쪽 지역에 있는 나무는 기온의 변화로 겨울 준비를 했다가는 낭패를 당할 수 있다. 기온 변화는 겨울 준비를 위한 기준이 될 수 없다. 생존과 관련된 상황에서 나무는 월동 준비를 위한 기준을 무엇으로 삼아야 할까? 겨울이 언제 올지 알려주는 확실한 대상은 태양이다. 낮의 길이가 짧아졌을 때 월동 준비를 하게 된다. 이 부분이 마음에 들었던 이유는 판단과 선택을 해야 할 때 올바른 기준의 필요성을 알 수 있기 때문이었다.

『랩걸』을 읽지 않았다면 나무 한 그루 심어본 적 없는 내가 어떻게 나무의 특성을 글에 쓸 수 있었을까? 글쓰기나 독서와 관련된 책들을 읽다 보면 여러 책에서 반복적으로 인용하는 책을 만나는 재미도 있다. 그러다 보면 좋아하는 작가의 작품을 더 읽게 되고 나의 취향이 새로 생기기도 한다.

아이들은 주로 교과서에 수록된 작품을 읽는다. 다른 책을 읽더라도 시험에 도움이 되는 책만 읽는다. 독서가 시험을 위한 수단으로 인식되는 현실이 안타깝다. 헤르만 헤세Hermann Hesse의 『수레바퀴 아래서』는 순수한 영혼의 싱클레어가 학교라는 공간에서 어떻게 상한 새가 되어가는지 그리고 있다. 성적과 등수라는 거대한 수레바퀴 아래에서 싱싱한 우리 아이들은 북어처럼 메말라간다. 그들에게 수분을 공급할 분무기가 필요하다. 그것은 분명 독서일 것이다. 아이들을 위한 올바른 독서의 길은 어디에 있고, 그 길을 찾아가는 방법은 도대체 무엇일까?

3인칭 관찰자 시점으로 소년과 소녀의 아름다운 사랑 이야기를 담은 황순원의 단편소설은? 아이들은 「소나기」라고 답할 것이다. 그럼 늦여름에서 초가을 사이에 피는 양산같이 생긴 노란 꽃 이름은? 글쎄. 과연 정답을 아는 아이들이 얼마나 있을까? 소설에서 소년이 소녀에게 꽃을 꺾어주는 장면에 그 답이 나온다. 모두가 읽긴 했지만, 아무도 기억하지 못하는 꽃인 셈이다. 답은 마타리꽃이다.

시험과 논술에 도움이 된다면서 아이들에게 독서를 권하는 경우가 많다. 하지만 아이들은 도서관으로 발길을 옮기지 않는다.

대출 권수도 늘지 않는다. 학교에서는 책 읽기를 장려하며 선물을 주기도 하고, 도서관 대출 연체를 풀어주기도 한다. 그래도 아이들은 책을 읽지 않는다. 그 이유는 무엇일까? 독서가 재미없다고 느끼기 때문이다. 독서에 흥미를 느끼려면 다음 방법을 따라하면 좋다.

첫째, 독서의 재미를 따라 걷는 것이다. 나는 중학교 2학년 때 심훈의 『상록수』를 배웠다. 선생님께서는 이성 관계에 대한 시청각 자료가 부족하던 시절에 『상록수』를 읽으면서 이성에 눈을 떴다고 했다. 주인공 동혁과 영신이 사랑하는 장면이 너무나 좋아서 읽었는데, 나중에는 그 부분만 낡아 있었다고 한다. 수업이 끝나고 바로 학교 도서관으로 달려갔다. 다른 반에서 그 이야기를 먼저 해서 이미 대출이 된 뒤였다. 아쉬움이 남아 방과 후에 지역 도서관에 가서 빌려 그날 다 읽었다.

재미가 있으면 아이들은 책을 읽는다. 내가 도서관으로 달려갔던 이유도 호기심이 생겼기 때문이다. 아이들이 만화책이나 추리소설을 읽는 이유는 시험에 도움이 되기 때문이 아니라 재미있기 때문이다. 독서는 재미있는 세계로 여행하는 것이다. 시험을 대비하고 논술시험을 준비하기 위한 독서는 힘이 약해서 시험이 끝나면 사라진다. 또, 추천도서에 니무 연연하지 않았으면 좋겠다. 그보다는 내가 관심 가는 분야의 책을 찾기 위해 서가를 뒤지고, 이것저것 읽으면서 재미를 느꼈으면 좋겠다.

둘째, 나만의 이야기를 만들어가는 독서가 필요하다. 대입을 위한 자기소개서 작성 때 빠지지 않는 말이 있다. 다른 지원자와 차별화된 나만의 이야기를 쓰라는 것이다. 같은 글을 읽더라도 개인의 관심에 따라 전혀 다른 길이 펼쳐진다.『문학 속에 핀 꽃들』을 쓴 김민철 작가는 꽃에 관심을 갖고 문학을 읽었다. 그래서 다른 기자들과 다른 기사를 쓸 수 있었다고 한다. 정답은 하나가 아니다. 같은 글을 읽어도 다르게 생각하는 것은 개인의 능력이다.

셋째, 자신의 삶에서 독서의 비중을 늘려야 한다.『국경시장』을 쓴 김성중 작가는 학창시절에 글쓰기로 주목받은 적이 없다고 한다. 그래서 소설가가 될 거라고 전혀 생각하지 못했다. 잡지사 기자로 일하던 김성중 작가는 한 화가와 인터뷰를 하며 어떻게 화가가 되었냐고 질문했다. 그는 삶에서 자신이 좋아하는 일의 비중을 늘려가는 것이 중요하다고 했다. 그렇게 하면서 자신은 화가가 되었다고 했다.

그 말을 들은 김성중 작가도 자신의 삶에서 글쓰기의 비중을 늘려나갔다. 그리고 결국 작가가 되었다. 아이들은 자신들의 삶에서 독서의 비중이 적거나 아예 없다. 시간이 없다는 건 사실 핑계 아닐까? 인터넷과 스마트폰에서 잠시 로그아웃을 할 수 있는 과감한 용기가 필요하다.

넷째, 자신에게 맞는 독서 계획을 세우기를 권한다. 나는 1,000페이지에 이르는 『비트겐슈타인 평전』을 보며 한숨이 절로 나왔다. 도대체 언제 이걸 다 읽을까 하다가 여름방학 동안 하루에 30페이지씩 읽기로 했다. 방학이 끝나면 그 책을 모두 읽을 수 있을 거라고 생각했고 실천에 옮겼다. 누구나 하루에 10페이지를 읽겠다고 계획을 세우면 한 달이면 300페이지를 읽을 수 있다. 그러면 책 한 권은 읽을 수 있다. 10페이지는 보통 10~15분이면 읽을 수 있는 분량이다. 이 정도의 계획은 실천 가능하지 않을까?

마지막으로 오디오북이나 팟캐스트를 이용해 책과 친해지려는 노력이 필요하다. 아이들은 길거리를 다닐 때에도 이어폰으로 음악을 듣는다. 그렇기에 오디오북에 관심을 갖는 것은 어떨까? 오디오북을 다운로드해서 학교를 오가는 길에 들을 수 있으니 말이다. 아니면 관심 있는 분야의 팟캐스트를 듣는 것도 좋다. 하루 종일 혹사당하는 눈은 잠시 쉬고, 귀로 좋은 글을 듣는 것도 좋다.

자신의 꿈이 무언지 모르겠다는 아이들과 그 꿈을 꿀 시간도 없다는 아이들에게 책을 읽혀야 한다는 말은 사치가 아니다. 책을 읽지 않는 인생이란 초행길을 네비게이션 없이 가는 것과 같다. '나'에 대해 가장 생각을 많이 해야 할 때가 중·고등학교 시절이다. 하지만 아이들은 한 문제라도 더 맞히기 위해 반복적으로 문제를 푼다. 왜 공부를 하는지, 이 공부가 나중에 어떤 도움이 될지 고민하지 않는다.

교과서와 문제집에서 눈을 돌려 주위를 보면 지천에 많은 꽃이 피어 있다. 『너도 하늘말나리야』라는 책에는 한 인물이 등장한다. 아무렇게나 피어 있지만 남들에게 가을이 왔음을 알리고 기쁨을 주는 구절초를 닮은 인물이다. 그 주인공이 누구였는지 책장을 다시 넘겨보면 어떨까? 책은 비만 걱정 없는 마음의 양식이다.

기록하는 습관은
자산이 된다

꿈을 꾸고 그 선명한 기억을 소설로 쓴 작품이 있다. 주부였던 스테프니 메이어Stephenie Meyer는 소녀가 뱀파이어와 사랑을 나누는 꿈을 꾼 뒤, 이를 바탕으로 소설 '트와일라잇' 시리즈를 창작했다. 꿈을 꾸면서 다양한 이야기 바다에 던져지는 경험을 하지만, 우리는 '이 행동'을 하지 않기 때문에 창작으로 이어지지 않는다. 그것은 바로 메모다. 그때 꿈을 꾸고 기록을 해두지 않았다면 이 소설은 탄생하지 못했을 것이다.

『우리는 모두 저자가 되어야 한다』의 저자 한기호는 10일 만에 책 한 권을 완성했다고 한다. 어떻게 300페이지나 되는 책을 짧은 시간에 쓸 수 있을까? 한기호는 하루에도 블로그에 2번 정도 글을 쓴다. 하루에 있었던 일들과 만난 사람들의 특색 있는 이야기를 잊기 전에 남겨둔다. 그렇게 모인 글들을 주제에 맞게 엮어내면 책 한 권이 탄생하는 것이다.

『언어의 온도』는 입소문이 만들어낸 베스트셀러다. 저자는 몹쓸 버릇을 가지고 있었다고 고백한다. 대중교통을 이용하다가 주변에서 들리는 대화에 집중하는 것이다. 주의 깊게 들은 말에서 의미를 발견하고 기록했다. 그 기록은 독자들의 사랑을 받고, 자신의 입에서 나오는 말의 온도를 느껴 보게 했다.

아이들도 살면서 무수히 많은 일을 겪을 것이다. 학교에서 생기는 일들은 반복적이지만 같은 날은 하루도 없다. 시시각각 다른 감정을 느낀다. 그때 느끼는 감정과 생각을 적지 않으면 우리의 뇌는 그것들을 담아두지 않는다. 아이들이 일상에서 일어나는 일들을 글로 남기는 습관을 갖게 된다면 얼마나 좋을까?

"엄마, 어제 내가 뭘 했지?"

학교에서 일기 쓰기 검사가 있는 아침이면 첫째 아이는 나에게 항상 묻는다.

"네 일을 엄마가 어떻게 아니?"

내 말을 듣고 있던 둘째 아이가 작은 수첩을 들고 형의 질문에 대신 답을 한다.

"어제 볶음밥 먹고 유치원 갔지. 저녁에는 딱지를 쳤고."

유치원에 다니는 동생은 한글을 완벽하게 쓰지 못한다. 발음대로 쓴 데다가 맞춤법도 틀렸지만, 자신이 한 일을 기록해두는 모습이 귀엽기만 하다. 저녁에 돌아온 남편에게 아침에 있었던 일을 말했다. 그리고 둘째 아이의 수첩을 보여주었다.

"여보, 이것 좀 봐. 기특하지 않아?"

기록의 중요성으로 많이 인용되는 내용이 있다. 브라이언 트레이시Brian Tracy의 『목표 그 성취의 기술』에 따르면 1979년 미국 하버드 경영대학원 졸업생들에게 "명확한 장래 목표를 설정하고 기록했는가?"라고 질문했을 때 3퍼센트만이 목표를 기록했고, 13퍼센트는 목표가 있지만 기록하진 않았으며, 84퍼센트는 구체적인 목표가 없었다. 10년 후에 목표는 있지만 기록하지 않았던 13퍼센트는 목표가 없었던 84퍼센트의 학생들보다 평균 2배의 수입을 올리고 있었고, 명확한 목표와 계획을 기록했던 3퍼센트는 나머지 97퍼센트보다 평균적으로 10배의 수입을 올리고 있었다고 한다.

돈을 더 많이 벌고, 성공하기 위해 기록을 하는 건 아니지만 기록했을 때 목표를 이룰 확률이 높다는 건 의미 있다. 우리는 기록하는 습관의 중요성을 잘 알고 있다. 하지만 알고 있다고 행동으로 옮긴다는 건 아니다. 문득 떠오르는 생각은 잡아두지 않으면 공중으로 사라지고 만다. 기록하는 습관을 갖고 있다면 평범한 삶도 특별하게 바뀔 수 있다.

스마트폰을 사용하면서 기록하는 방법이 쉬워졌다. 스마트펜을 이용해 중요한 내용을 메모할 수도 있다. 나에게 맞는 앱을 다운로드해서 쓰는 것도 좋고, 많은 사람이 활용한다는 에버노트도 있다. 스마트폰 녹음 기능을 활용하면 기록하기 어려운 순간에도 떠오르는 생각을 담아둘 수 있다.

가족이 여행을 다녀오면 남편은 사진과 글을 블로그에 올린다. 공개로 설정하기 싫다면 비공개 블로그에 적어두는 것도 좋다. 사진만 있는 것보다 자세한 기록이 남아 있으면 최근에 여행을 다녀온 것처럼 여행지에서 느낀 생각과 감정을 그대로 불러들일 수 있다. 그때 있었던 일이 바로 어제 있었던 일처럼 기억에 남는다. 글쓰기는 노력을 해야 실력이 는다. 기록을 하면서 자연스럽게 글쓰기 연습도 된다. 다양한 방식으로 기록을 남기는 것은 무척 중요하다.

책을 읽고 기록하지 않으면 무슨 책을 읽었는지 알 수가 없다. 독서 후에는 기억에 남는 한 줄을 기록해두는 것이 필요하다. 그것도 부담이 된다면 제목이나 저자라도 기록하자. 내가 몇 권의 책을 읽었는지 점검해볼 수 있다. 책을 읽고 세부적인 내용을 기억하지 못하더라도 독서는 내 머리에 흔적을 남겨둔다. 필요할 때 읽었던 책 목록을 보면, 글쓰기를 할 때 필요한 정보를 나중에라도 찾아볼 수 있다.

『대통령의 글쓰기』의 저자 강원국은 자신의 머릿속에 있는 것만으로 글을 쓸 수 없다고 했다. 글쓰기를 위해 책상 앞에 앉더라도 무엇을 써야 할지 생각이 들지 않는다. 그럴 때는 자신이 책을 읽으며 모아두었던 글들이 실마리가 되어 생각의 실타래가 서서히 풀리는 것을 경험하게 된다. 그런 경험이 쌓이면 누가 시키지 않아도 기록을 하게 된다. 글쓰기에는 많은 글이 인용된다. 내가 모아둔 정리 자료는 글쓰기를 할 때 다양한 아이디어를 제공해준다. 부담스럽지 않게 시작을 하다가 책에서 기억에 남는 부분을 적어두면 좋다. 발표를 하거나 글쓰기를 할 때 큰 도움이 된다.

『글쓰기의 최전선』을 쓴 은유 작가는 글쓰기 선생님으로 유명하다. 은유 작가는 글을 읽으면서 마음에 드는 문장을 모았다. 이렇게 모은 문장들은 글쓰기의 재료가 되었다. 그래서인지 은유 작가의 글에는 다른 책에서 인용하지 않았던 문구들을 발견하는 맛이 있다. 책을 읽다가 마음에 드는 부분은 포스트잇으로 표시를 한다. 다 읽고 나면 컴퓨터에 입력한다. 필사를 하는 사람들도 있지만, 나는 나중에 사용하기 편하고 검색하기 쉽게 컴퓨터에 저장하는 것이 더 좋다. 마음에 드는 부분도 컴퓨터에 저장을 하거나 필사를 해두면 나의 소중한 글쓰기 자산으로 쌓이게 된다. 글을 쓸 때 과제를 할 때 발표를 준비할 때 이렇게 기록한 것들은 글쓰기를 풍성하게 만드는 데 기여한다.

육아일기는 아이의 기록이다. 아이가 초등학교를 다니며 쓴 일기도 모아두는 것이 좋다. 조금 낯간지럽지만 남편과 주고받은 연애편지도 보관하는 것이 좋다. 우리 삶의 기록들은 우리가 살아낸 역사다. 영감은 하늘에서 떨어지지 않는다. 매일 쓰는 일기를 모으면 가치가 생긴다. 좋아하는 일을 하면서 적은 글들은 아이의 포트폴리오가 된다.

다양한 경험이
글쓰기 실력을 키운다

마크 트웨인Mark Twain은 어려운 환경에서 자랐지만, 독서만큼은 게을리하지 않았다. 32세에 첫 단편집 『뜀뛰는 개구리』를 내놓았고, 40대에 『톰 소여의 모험』을 히트시켰다. 교육을 제대로 받지 못한 그가 글쓰기를 할 수 있었던 배경은 미시시피강에서 보낸 어린 시절의 경험 때문이었다. 작가들의 작가라고 불리는 커트 보니것Kurt Vonnegut Jr.은 1943년 제2차 세계대전 막바지에 징집되었다. 전선에서 낙오해 독일 드레스덴 포로수용소에 갇혀 있는 동안, 연합군이 사흘 밤낮으로 소이탄을 퍼부어 13만 명의 독일 시민이 몰살당했던 인류 최대의 학살극에서 그는 극적으로 살아남았다. 이 기억을 바탕으로 『제5 도살장』을 쓰고 미국을 대표하는 반전反戰 작가로 거듭났다.

글을 쓰기 위해서는 다양한 경험이 필요하다. 혹시나 우리 아이들은 학교와 학원과 집을 오가는 생활을 반복하며 다양한 경험을 할 기회를 박탈당하고 있는 것은 아닐까?

『학교는 하루도 다니지 않았지만』을 쓴 임하영은 평범한 대한민국 아이와는 다른 삶을 살았다. 6세 이후로 공교육을 받은 적이 없는 임하영은 자신이 원하는 방향으로 공부를 했다. 돈을 벌기 위해 장수풍뎅이 사업을 한 일도 재미있었다. 동전을 모으기 위해 주변 사람들에게 손을 벌렸던 일도 재미있었다. 부자가 되기 위해 주식 투자에 뛰어든 이야기도 어리기 때문에 귀엽게만 보인다. 미국에 초대를 받아 여행을 한 이야기나 88일 동안 유럽을 배낭여행한 것도 흥미를 끈다.

임하영은 군대를 다녀와야 한다. 그 뒤에는 무엇을 해야 좋을까? 새터민 인권에 관심이 있으니 시민단체에서 경력을 쌓으면 좋을까? 아니면 16세에 성공회대학교에서 청강을 한 경험도 있고, 고졸 검정고시도 땄으니 대학에 들어가야 할까? 뭔가 커다란 업적을 남기지 않았지만, 진정한 배움이 무엇인지 고민한다는 것만으로 대한민국에서는 주목을 받는다.

남들과 다른 경험을 하면 그것으로도 글을 쓸 수 있는 소재가 생긴다. 하지만 우리 아이들에게는 소 귀에 경읽기로 들릴 것이다. 현실적으로 다양한 체험을 할 수 있는 방법은 없을까? 책을 통해 간접 경험을 했다면, 직접 떠나는 것은 정말 오감을 자극한다. 여행을 다녀온 후에 새로운 것을 경험하고 낯선 문화와 만나게 되면 소재거리가 폭발한다. 다양한 경험은 아이의 자산이 된다. 아이가 넓은 세상을 경험할 수 있도록 도와주어야 한다.

여행지에서 본 건 아이들이 독서를 할 때도 도움이 된다. 터키에서 지하도시 데린쿠유를 보았다. 데린쿠유는 기독교인들이 박해를 피해 지하에 굴을 파서 살았던 곳이다. 양치기가 양이 갑자기 사라져서 이유를 찾다가 데린쿠유를 발견했다고 한다. 아직 발굴도 다 되지 않았다. 환기 시스템과 외부의 적이 침입했을 때 방어하기 위한 시설, 교회, 병원이 있는 말 그대로 지하도시였다.『어린이 과학동아』를 보던 첫째 아이가 그 내용이 나오자 "나, 여기 가봤는데"라고 하면서 신기해했다.

초등학교 5학년 2학기 때부터 본격적으로 역사를 배우기 시작한다. 교과서에 나오는 구석기 시대와 신석기 시대를 외우게 하는 것보다 박물관에 가서 직접 유물도 보는 것이 낫다. 보고 배운 것을 글로 쓰는 것도 글쓰기 실력을 키우는 데 도움이 된다. 아이에게 교과서 속 지식과 현실을 연결할 수 있는 고리를 만들어주는 방법은 다양한 경험을 통해 가능하다. 아이와 여행을 하면 그 기록을 짧게라도 남겨두라고 한다. 아래는 첫째 아이가 괌을 여행하고 쓴 글이다.

"우리 가족 모두 방심을 했다. 인천공항 근처 숙소에 도착해서야 과자와 라면, 음식을 가득 담은 박스를 집에 두고 왔다는 사실을 알았다. 집까지 다시 가는 비용을 생각하니 손해였다. 어쩔 수 없이 공항 근처 슈퍼에서 사기로 했다.

괌에 도착해 아빠는 차를 빌리고 곧바로 숙소로 갔다. 새벽 3시였다. 숙소는 좋았다. 차가 없는 6일 동안은 리조트 버스를 타고 다녔는데 나중에 다시 차가 생기니까 무척 편했다. 바다에 갔고, 슬라이드 있는 수영장에서도 시간을 보냈다. 바다에서 가장 좋았던 건 바다를 바라보며 끓여먹은 라면이다. 그다음은 바위가 막아준 자연 풀장이 좋았다. 공이 바다로 안 날아가기 때문이다. 파도도 별로 안 쳤다. 그리고 물고기도 볼 수 있었다. 빵을 주자 날치처럼 생긴 물고기들이 내 주위를 감싸면서 빵을 기다란 주둥이로 꽂아 먹었다. 마스크가 물고기 구경을 쉽게 할 수 있게 도와주었다.

쇼핑몰에서는 5달러짜리 권총 두 개와 13달러짜리 축구 게임을 샀다. 한국인이 너무 많아 외국에 왔다는 생각이 들지 않았다.

괌은 날씨가 따뜻해 내 손에 난 두드러기가 쏙 하고 들어갔다. 공기도 맑고 기온도 따뜻했다. 미세먼지 가득한 한국에 오자마자 괌의 맑은 공기와 따뜻한 날씨가 그리워졌다."

자신의 경험을 솔직하게 쓰면 누구나 감동을 받을 수 있다. 『여자친구에게 말 걸기』는 9세 소년이 호크초등학교에서 여자아이들을 쫓아다니던 경험을 쓴 책이다. 이 책은 베스트셀러가 되었고, 소년은 갑부가 되었다고 한다. 이 예를 들면 아이가 자기도 글을 쓰겠다며 글쓰기 욕구에 불을 지핀다. 페이스북에서 '좋아요'를 많이 받을 수 있는 비법을 쓰겠다거나, 친구에게 공짜로 간식을 얻어먹는 비법을 쓰겠다고 한다.

우리는 살아가며 세상을 관찰하고 경험하며 생각한다. 그리고 글쓰기를 통해 진정한 삶이 무엇인지 생각해볼 계기를 갖게 된다. 그 결과물인 책은 시대와 공간을 초월해 독자의 삶에 영향을 끼친다.

직접 경험이 여행이라면 간접 경험의 대표적인 예가 바로 독서다. 책을 통해 기쁨과 슬픔을 느끼고 연민과 애정을 품기도 한다. 또, 나의 내면과 대화하고 지난 일들을 성찰한다. 삶의 경험은 삶 그 자체다. 삶의 경험을 글로 쓰면 비슷한 상황의 독자에게 많은 도움이 된다. 자신의 경험을 알기 쉬운 말로 쓰면 누구나 저자가 될 수 있다. 수동적인 지식 소비에서 벗어나 능동적인 지식 생산자가 되어야 한다.

도서관을
적극적으로 활용하자

　'천국에서 떨어져나온 한 조각'이 바로 도서관이라고 남편은 자주 말한다. '낙원이란 일종의 도서관 같은 곳이라고 생각한다'는 호르헤 루이스 보르헤스Jorge Luis Borges의 말과도 의미가 통한다. 지혜의 숲으로 떠나는 여행이 시작되는 곳이 도서관이다.

　궁금증을 해결하는 정확한 방법은 도서관에 가서 책을 찾아보는 것이다. 물론 인터넷을 검색할 수도 있지만 체계적으로 내용을 아는 데 관련 논문이나 책을 찾아보는 걸 따라올 수는 없다. 『세상이 멈춘 시간, 11시 2분』을 쓸 때도 원자폭탄의 원리에 대해 알기 위해 관련 책을 찾을 수밖에 없었다. 아이들도 궁금한 것이 생기면 책을 찾아 호기심을 풀 수 있으면 좋겠다.

폴 콜린스Paul Collins가 쓴『밴버드의 어리석음』은 열정을 바쳤지만 역사에서 잊힌 열세 사람에 대한 이야기다. 제목에 등장하는 존 밴버드는 미국 개척 시대에 가장 유명하고 부유했던 예술가다. 그는 당시로서는 획기적인 활동사진을 만들어냈다. 높이 3.6미터, 길이 800미터의 거대한 천에 미시시피강의 풍경을 그렸다. 거기에다 특허를 받은 장치들을 이용해 관객들이 배를 타고 있는 느낌을 갖게 만들었다. 요즘 식으로 치면 '움직이는 파노라마'였다.

하지만 밴버드는 곧 몰락한다. 그의 작품을 모방한 경쟁 작품들이 계속 출현했고, 그는 다른 사업에 도전하지만 연거푸 실패했다. 결국 백만장자 밴버드는 말년에 완전히 빈털터리가 되고 만다. 폴 콜린스는 날마다 도서관과 박물관을 다니며 '세상을 바꾸지 않은 사람들'의 이야기를 모았다. 자신이 살았던 시대에 비해 지나치게 앞서나간 생각을 했던 사람은 중심에서 튕겨져 나간다. 역사에서 잊힌 인물들을 도서관 자료에 의지해 책으로 부활시켰다.

『소녀, 적정기술을 탐하다』의 저자는 17세의 청소년이다. 적정기술에 대해 몰랐던 소녀는 강의를 들으면서 적정기술에 '필이 꽂혔다'고 한다. 적정기술은 소외된 90퍼센트를 위한 기술이다. 물을 먼 곳에서 길어와야 하는 아프리카 아이들을 위해 이동이 편한 큐드럼Q-drum을 개발하거나, 더러운 물을 식수로 사용할 수밖에 없는 사람들을 위해 필터 기능이 있는 빨대를 만드는 것이 모두 적정기술이다. 저자는 적정기술에 대해 알고 싶어서 책을 읽었고, 교수님을 찾아가 질문을 했으며, 결국 책까지 썼다. 자신이 알고 싶은 공부를 스스로 했다는 사실에 박수를 보내고 싶다.

또래가 책을 냈다는 사실에 아이들이 졸음을 이겨내고 이야기를 듣기 시작했다. 아이들에게 자신의 인생에서 관심 있는 분야를 찾고 그것에 몰입해 책도 읽고, 강의도 듣다 보면 저자가 될 수 있다고 했다. 적정기술에 빠진 소녀가 책을 낸 이야기는 아이들에게 나도 글을 쓸 수 있겠다는 생각을 갖도록 했다. 아이들의 눈빛이 달라졌다. 아이들은 나도 작가가 되겠다는 다부진 포부를 드러냈다.

『고등학생의 국내 동물원 평가 보고서』를 쓴 최혁준은 2011년부터 야생동물과 반려동물을 주제로 네이버 블로그를 운영하고, 이 책과 블로그 활동을 모아 학생부종합전형으로 수의예과, 생물학과, 동물자원과학과에 지원했다. 결과는 어떻게 되었을까? 아쉽게도 전부 1차 서류 전형 탈락이었다고 한다. 이 부분을 읽을 때 탄식이 나왔다. 그의 노력이 대학에서 인정받지 못한 것 같아 안타까웠다. 지금은 어떤 일을 하고 있을까 궁금해 블로그를 방문했다. 다른 대학에 입학했고 지금은 군복무중이라고 했다. 책이 나오고 독자를 만나고 강연을 다니고 인터뷰를 하면서 또래 친구들이 경험해보지 못한 걸 하는 게 상賞이라고 블로그에 적어놓았다.

이들은 또래와 다른 경험을 했고, 그것을 책으로 냈다. 책이 나왔기 때문에 세상 사람들이 이들의 존재를 알게 된 것이다. 현재 전국에 있는 초·중·고등학교에서는 200여 개가 넘는 책 쓰기 동아리를 운영하고 있다고 한다. 특히 대구교육청은 이 사업을 활발히 진행하고 있다. 2009년 전국에서 학생 책 쓰기 교육 사업을 시작한 후 2016년까지 162권의 책을 출간했다.

도서관에 희망도서 신청을 하는 것도 유용하다. 물론 시간이 좀 걸리기는 하지만 좋은 책을 만나는 기회를 얻을 수도 있다. 다른 동네에 있는 도서관에서 도서를 읽고 싶다면 상호대차를 신청하는 것도 가능하다. 또한 신간이나 인기도서는 예약도서를 활용하는 것도 도움이 된다. 물론 아이가 소장해서 읽고 싶다고 하면 구입해도 된다.

도서관에서는 다양한 강연이 열린다. 유아를 대상으로는 토요

일에 구연동화를 들려주기도 한다. 그리고 도서관마다 독서 습관을 형성하는 데 도움이 되는 프로그램을 운영하고 있다. 유명 저자의 강연도 놓칠 수 없는 부분이다. 기생충에 관심이 있다면 서민 교수의 강연을 듣고 평소에 궁금한 것을 질문할 수도 있다. 자녀 교육이 궁금한 학부모라면 도서관에 강연을 요청할 수도 있다. 글쓰기를 배우고 싶다면 도서관에서 강연이 개최될 수 있도록 건의하는 것도 좋다. 도서관에서도 이용자의 요구가 있으면 적극적으로 행사를 만들기 위해 노력한다. 초등학생을 대상으로 하는 문화 강좌나 글쓰기 NIE 강의는 도서관에서 저렴한 비용으로 수강할 수 있다.

일본 도쿄도립도서관을 비롯해 수많은 공립도서관에서는 자습하는 것이 금지되어 있다. 도서관에 비치된 도서를 읽는 대신 외부에서 가져온 자료로 공부하는 것은 원칙적으로 허락되지 않는다. '공립도서관 임무와 목표'에 보면 "자습하는 것은 도서관의 본질적 기능이 아니다. 자습 좌석을 마련하는 것은 오히려 도서관 서비스 수행을 방해하는 것이 된다"라고 쓰여 있다. 한국에선 많은 아이가 도서관을 시험 기간 중 독서실로 이용한다. 아이들의 현실적 상황을 이해 못 하는 것은 아니다. 하지만 적극적으로 도서관을 활용하는 방안이 필요하다고 생각한다.

2017년 5월에 문을 연 서울 코엑스의 별마당 도서관은 '만남의 장소'로 자리 잡았다. 1년간 2,100만 명이 별마당 도서관을 찾았다. 별마당 도서관의 명물인 13미터 높이의 대형 책꽂이를 배경으로 사진을 찍는 사람도 많다. 압도적인 규모의 책꽂이는 도서관의 인기스타가 되었다. 별마당 도서관은 주변 상권에도 활기를 불어넣고 있다. 쇼핑과 문화가 공존하는 도서관이 새로운 문화를 이끌고 있다.

　　주말이 되면 많은 가족이 어디로 여행을 갈지 고민이다. 고속도로는 막히고, 숙박비나 입장료는 점점 부담스러워진다. 하지만 조금만 생각을 바꿔보자. 꼭 멀리 가지 않아도 된다. 교통 체증 때문에 짜증낼 필요도 없다. 어느 동네에나 도서관은 있으니까. 이곳은 입장료를 낼 필요가 없고, 되레 많은 것(관심 분야에 대한 지식, 책 읽는 습관, 글을 쓰는 능력 등)을 얻어올 수도 있다. 그렇기에 가족이 함께하는 도서관 나들이를 권한다. 아이와 함께 책을 읽는다면 '책을 읽으라'고 잔소리를 하지 않아도 된다.

문학작품으로
내면의 힘을 기른다

특유의 까칠함을 무기로 대한민국을 지키는 중학교 2학년생들과 박완서의 『꼴찌에게 보내는 갈채』를 배우는 시간이었다.

"얘들아, 이상하지 않니?"

제목을 읽고, 아무도 질문을 하지 않아 내가 먼저 아이들에게 물었다. 그제야 아이들이 이런 말을 하기 시작했다.

"왜 꼴찌에게 박수를 보내요?"

"맞아. 우리가 늦게까지 공부하는 이유는 꼴찌가 안 되려고 그러는 건데."

말문이 트이자 여기저기에서 아이들의 목소리가 들렸다. 아이들은 꼴찌를 불쌍하고 안쓰럽게 생각했다.

"그래. 그럼 왜 꼴찌가 갈채를 받는지 읽어볼까?"

작가는 마라톤 1등 주자를 보려고 버스에서 내려 기다렸다. 하지만 1등 주자는 이미 지나갔다는 걸 듣고 맥이 빠진다. 그때 저 멀리 누군가 보였다. 영광의 승자는 아니지만, 자신과의 외로운 싸움을 포기하지 않는 꼴찌. 고통으로 일그러진 마라토너의 얼굴을 보며 가슴 뭉클했다. 그리고 그를 위해 응원을 보낸다.

1등을 하려는 많은 사람에게 작가는 최선을 다하는 삶이 위대하다는 것을 알리고 싶었을 것이다. 글을 읽은 아이들도 작가가 전하는 메시지를 이해했다. 우리는 글을 읽고, 한돌의 〈꼴찌를 위하여〉라는 노래를 들었다. 한돌은 초등학교 3학년 때 스케이트 대회에서 넘어져 꼴찌를 했는데, 그때 선생님이 '너는 8등을 한 거'라며 위로했던 이야기를 기억해 노래로 만들었다.

"어설픈 일등보다는 자랑스런 꼴찌가 좋다. 가는 길 포기하지 않는다면 꼴찌도 괜찮은 거야."

일상에서 우리는 다양한 경험을 한다. 그중 내게 즐거움이나 깨달음을 준 경험은 장기 기억에 보관되어 오래도록 살아 있다. 아이들에게 그런 기억을 하나 꺼내라고 했다. 그리고 노래 가사를 바꿔 써보라고 했다. 열 줄 이상 써야 한다는 조건에 곳곳에서 한숨이 터져나왔지만, 15년의 짧은 삶 속에 깨달음을 준 기억을 찾아 노래 가사로 바꾸었다. 꿈이 뭐냐는 질문에 대답하지 못한 자신을 되돌아보며 무엇을 하고 싶은지 찾아야겠다는 내용, 저녁마다 줄넘기를 해서 몸무게를 줄이겠다는 내용, 시험공부하지 않는 자신을 반성한 내용 등 아이들은 다양한 기억을 가사로 풀어냈다.

신경림의 「동해바다」를 아이들과 함께 읽었다. 아이들에게 친구와 싸운 경험을 이야기해보라고 했다. 한 여학생은 화장실을 함께 가지 않아 싸웠다는 이야기를, 한 남학생은 팀플 게임을 너무 못해서 욕했다는 이야기를 한다. 자신들도 친구의 티끌만 한 잘못을 동산만 하게 생각했다면서 화해를 하고 싶다는 기특한 생각도 말했다. 시를 읽으면서 우리의 생각과 행동이 달라질 수 있다. "널따란 바다처럼 너그러워질 수는 없을까"라는 시인의 말처럼 다른 이의 잘못을 품어주는 바다가 되었으면 한다. 또 나밖에 몰랐던 태도를 반성하며 살았으면 좋겠다.

문학작품은 읽는 이의 삶에 영향을 준다. 글이 단지 글로만 끝난다면, 그래서 생각도 삶도 그대로라면 문학작품은 그냥 시험용 텍스트일 뿐이다. 많은 드라마에 단골로 등장하는 시가 있다. 도종환의 「흔들리며 피는 꽃」이다. 아이들은 이 시를 읽으면서 자신들도 흔들리고 있지만, 예쁜 꽃을 피우기 위한 과정이라고 받아들인다. 나태주의 「풀꽃」을 읽고 아이들은 "자세히 보아야 예쁘고, 오래 보아야 사랑스럽다"는 말을 이해한다. 화려한 겉모습만 보고 판단하지 말고, 관심을 갖고 보면 누구에게나 장점이 있다는 것을 알게 된다.

아이들은 학교에서 많은 시와 소설을 배운다. 그러나 작품을 읽으며 감동받는 경우는 많지 않다. 그런 현실이 무척 안타까웠다. 교과서에서 만나는 작품을 통해 아이들이 문학에 관심을 갖게 되길 바란다. 박완서의 작품을 읽고 다른 작품을 찾아 읽으며 시각을 넓히고, 신경림의 시를 읽고 다른 시를 찾아 읽는 적극적인 독자가 되었으면 좋겠다. 문학작품은 마음을 어루만지는 어머니의 따스한 손과 같다. 자신을 이해하고, 타인의 아픔에 공감할 수 있는 힘을 주는 문학은 아이들에게 필수 요소다.

『중학생 개념학교: 시』에 소개된 어느 아이의 시다. 어떤 제목일지 상상해보기를 바란다. "속으로 삼키면 슬픔이 사라질 줄 알았는데 아! 어느새 고인 눈물." 나는 아이들에게 퀴즈를 내보았다. 매운 짬뽕, 레몬, 소주, 스펀지, 물웅덩이 등 다양한 답이 나왔다. 수업 종이 울리기 전에 정답을 공개했다. 원래 시의 제목은 '변기'다. 아이들은 깜짝 놀랐다. 자신들이 쓴 답과 비교해보느라 바빴다. 또래의 기발함에 탄성을 지르기도 했다. 문학은 어렵지 않다. 가벼운 마음으로 상상할 수 있기에 부담 없고 즐거우며, 다른 이와도 생각을 함께 나눌 수 있다.

　체육대회 마지막 순서인 반대항 계주를 할 때 넘어져서 뒤처지면 아예 뛰지 않는 아이들이 있다. 어차피 꼴찌를 할 것이 뻔한데 뭐 하러 힘들게 뛰느냐는 생각이 들어서일 것이다. 반면, 꼴찌라는 사실을 알지만, 마지막까지 열심히 뛰는 아이들도 있다. 그때는 경기를 구경하던 아이들이 힘을 모아 응원을 한다. '포기하지 않아, 고마워'라는 의미를 가득 담아서. 인생은 단거리 경주가 아니고 마라톤 경기다. 보고 싶은 책을 마음껏 읽고, 밤하늘의 별도 보며 가는 길을 포기하지 않는 당당한 꼴찌가 되었으면 좋겠다. 문학이 지친 아이들에게 용기와 희망을 북돋아 줄 테니까.

고전으로
세상과 통하자

우리 아이들이 읽고 싶은 책을 마음껏 읽도록 하고 싶은 게 부모의 마음이다. 대학교 3학년 때 신춘문예에 당선된 「무진기행」의 작가 김승옥의 어머니는 28세에 청상과부가 되어 삯바느질로 삼형제를 키웠다. 그녀는 순천 시내 서점 주인에게 "우리 아이들이 읽고 싶은 책은 마음대로 읽게 하고, 사고 싶은 책은 그냥 가져가게 하면 월말에 들러 값을 치르겠다"고 했다. 실제로 김승옥은 고등학교를 마칠 때까지 책이란 책은 거의 다 읽었고, 그것이 글을 쓰는 바탕이 되었다고 한다. 그러면서 글을 쓰고 싶은 사람이라면 다독하라고 권했다고 한다.

그런데 부모가 읽었으면 하는 책과 아이들이 좋아하는 책이 달라 고민에 빠지게 된다. 아이들이 좋아하는 책은 학습만화다. 수학, 과학, 영어, 한자 등 다양한 내용이 흥미로운 스토리로 탄생한다. 자연스럽게 아이들은 학습만화에 손이 자주 간다.

고전은 힘이 셀까? 국내 최초 전 학년 고전 읽기를 하는 동산초등학교의 송재환 선생님은 『다시, 초등 고전 읽기 혁명』에서 교육 과정이 바뀌더라도 기본을 쌓기 위한 고전 읽기의 중요성을 이야기한다. '코딩 교육, 스팀STEAM 교육 등 새로운 유행에 맞는 교육을 해야 하는 거 아닌가?'라는 고민에 빠진 학부모들에게 고전 읽기는 어떤 상황에서도 흔들리지 않는 기본기를 쌓게 해준다고 말한다. 그런데 정작 고전을 읽어야 하는 아이도 같은 생각을 할까?

"이거 시험에 안 나오는 거 아닌가요?"

학교에서 있었던 일이다. 순간 나의 귀를 의심했다. 그러나 불행하게도 내가 제대로 들은 게 맞았다. 아이들은 시험에 나오지 않는 걸 배우고 싶지 않아 했다. 가급적 시험에 나오는 '도움 될 만한' 것들을 아이들은 원했다. 학기 말에 기말고사를 끝내고 시간이 남아서 자료를 가져왔건만 별로 관심을 보이지 않았다.

미국 시카고대학의 '위대한 고전 읽기 프로그램The Great Books Program'은 그 힘이 얼마나 대단한지 보여주는 단적인 예다. 이곳학생들은 졸업 전에 100여 권의 고전을 읽어야만 했다. 물론 제도가 강제적이기에 그 효과나 당위성 측면에서는 많은 논란이 있었다. 하지만 2014년 기준으로 세계에서 네 번째로 많은 총 89명의 노벨상 수상자가 이곳에서 공부했거나 교수로 지냈다는 건 간과하지 못할 사실이다. 그 제도는 시대에 따라 조금씩 달라졌지만, 그 근본은 지금까지도 이어지고 있다.

고전은 시간이라는 풍파를 겪고 살아남았다. 그렇기에 불멸성과 보편성을 갖는다. 이런 고전에는 과거와 현재, 미래가 담겨 있다. 즉, 고전을 통해 우리는 인간이 어떻게 지나왔고, 또 어디를 지나가며, 어디로 가야 할지 알 수 있다. 하지만 마음먹더라도 분명 실천은 어려울 것이다. '그럼 도대체 어쩌란 말이냐?'라고 되물을 것 같아 방법을 알려주려고 한다. 너무 어렵게만 접근하지 말고, 실패하더라도 용기를 내자는 의미다.

얼마 전 가브리엘 가르시아 마르케스Gabriel Garcia Márquez의 『백년의 고독』에 도전했다. 일단 반복적으로 나오는 등장인물의 이름에 압도되었다. 내용도 꼬이고 꼬여서 이해되지 않았다. 비록 노벨문학상을 받은 작품이지만 '아, 도저히 읽을 수 없다!'라는 탄식을 하며 그대로 덮어버렸다. 그런데 듣고 있던 한 팟캐스트에서 이 책을 소개하는 게 아닌가. 진행자들도 이 책을 읽기 어려웠다는 사실을 토로하자 안도가 되었다. '그래. 나만 어려운 게 아니었구나' 하는 위안을 받았다.

이 책에는 현실과 환상이 혼재한다. 게다가 비슷한 이름 때문에 가계도를 옆에 펼쳐놓지 않으면 절대 읽을 수 없다. 그래도 방송을 듣고, 저자의 일생을 그린 그래픽 평전을 몇 권 읽으면서 이전보다 비교적 쉽게 접근할 수 있었다. 등고자비登高自卑라는 말처럼 높은 곳에 오르기 위해서는 낮은 곳부터 천천히 오르는 게 필요하다.

책을 좋아하는 아이들도 고전은 어렵게 느낀다. 물론 소크라테스나 니체와 친구가 되어 대화를 나누는 경험이 쉽지는 않을 것이다. 하지만 고전을 읽으며 자신의 꿈은 무엇인지, 어떤 가치를 품고 살아야 할지 스스로 묻는 시간을 가졌으면 좋겠다. 초등학교 때부터 조금씩 고전과 친해져야 한다. 그렇지 않으면 고전에 다가가는 걸음이 무겁게 느껴질 것이다.

2018년부터 고등학교 교육 과정에 고전이 신설되었다. 국어I, 국어II, 화법과 작문, 독서와 문법, 문학으로 이루어진 국어 과목에 고전이 추가된 것이다. 고전 교과서를 펼쳐보았다. 『장자』, 『그리스인 조르바』부터 『국부론』, 『오래된 미래』, 『서양 미술사』까지 동서양을 망라한 다양한 작품이 실려 있다. 분명 쉽지 않겠지만 이해를 도울 여러 학습 자료를 활용한다면 아이들도 '앎과 깨달음의 즐거움'을 느낄 수 있지 않을까 생각한다. 아이들을 세상과 통하게 하고 아이들이 성장할 수 있는 양분을 주는 책은 고전밖에 없다.

『1984』는 '빅브라더'에 의한 감시 사회를 다루고 있다고 간추린 설명만 읽었다. 여러 곳에서 언급되고, 살면서 한두 번쯤은 들어보았기에 읽지 않았지만 읽은 것처럼 느껴졌던 대표적인 고전이다. 육아 휴직을 하며 오랜 숙제처럼 느껴졌던 『1984』 읽기에 도전했다. '텔레스크린'을 통한 감시, '신어新語'를 통한 통제가 이루어지는 사회를 보았다. 주인공이 제일 싫어하는 쥐로 고문하는 장면도 인상적이었다. 결국 주인공은 사회에서 증발되고 살해당한다. 그 과정의 묘사가 너무나 생생했다. 줄거리를 안다고 책을 제대로 이해하는 것은 아니다. 신용카드 결제 내역, 이메일, 스마트폰, 위치 정보가 기록되고, CCTV에 나의 모습이 그대로 기록되는 사회. 누군가의 감시를 받고 있는 건 아닐까? 이 작품은 1949년에 발표되었지만 현대 사회의 모습이 겹쳐 보였다.

동아시아 최초로 바티칸 대법원의 변호사로 임명된 한동일 교수의 수업에는 수백 명의 대학생과 청강생까지 찾아왔다. 『라틴어 수업』이라는 책은 서강대학교에서 라틴어를 강의했던 내용을 바탕으로 한다. 경쟁에 치여 자신의 삶을 살지 못하는 대학생들은 스펙과는 아무런 관련도 없는, 학점을 따는데도 도움이 되지 않는 이 수업에 몰렸다. 서양에서 라틴어를 가르치는 이유는 라틴어가 너무 어려운 언어라서 벼락치기로는 도저히 좋은 점수를 얻을 수 없기 때문이라고 한다. 그래서 공부 습관을 잡아주기 위해 배우는 거라고 한다. 라틴어는 모든 서양 언어의 근간이 되는 언어이기도 하니까 언어를 배우는 것은 곧 인문학을 배우는 것과 같은 의미라고 한다.

고전은 누구나 알고 있지만, 아무도 읽지 않은 책이라고 한다. 남들에게 좋은 책이라고 권하지만, 정작 자신은 읽지 않는 책이라고 한다. 그러나 프란츠 카프카Franz Kafka의 말처럼 책은 주먹과 도끼가 되어 잠들어 있는 우리의 영혼을 깨운다. 문학은 삶에 답을 주는 게 아니라 오히려 질문을 던진다. '어떻게 살 것인가?'에 대한 답이 고전에 직접적으로 제시되어 있진 않다. 다만 우리는 먼저 삶을 살았던 사람들의 생각과 행동을 통해 성찰하고 고민하게 된다.

부록

글쓰기 실력을 키우는 데 도움이 되는 책

826 VALENCIA, 『창의력을 키우는 초등 글쓰기 좋은 질문 642』, 넥서스Friends, 2016년.

강원국, 『대통령의 글쓰기』, 메디치, 2014년.

김동식, 『회색 인간』, 요다, 2017년.

김소영, 『진작 할 걸 그랬어』, 위즈덤하우스, 2018년.

김정은, 『엄마의 글쓰기』, 휴머니스트, 2017년.

김하연 글, 이갑규 그림, 『똥 학교는 싫어요!』, 초록개구리, 2018년.

로버트 루트번스타인 · 미셸 루트번스타인, 박종성 옮김, 『생각의 탄생』, 에코의서재, 2007년.

마크 바우어라인, 김선아 옮김, 『가장 멍청한 세대』, 인물과사상사, 2014년.

모리 히로시, 이규원 옮김, 『작가의 수지』, 북스피어, 2017년.

미셸 루트번스타인, 유향란 옮김, 『내 아이를 키우는 상상력의 힘』, 문예출판사, 2016년.

민상기, 『초등학생이 좋아하는 글쓰기 소재 365』, 연지출판사, 2015년.

배성호 글, 홍수진 그림, 『우리가 박물관을 바꿨어요!』, 초록개구리, 2016년.

백화현, 『도란도란 책모임』, 학교도서관저널, 2013년.

손병관 · 유태훈 · 이경민 · 장창영 · 채승윤,『고등학생이 발로 쓴 전북 문화 탐방기』,
　　북랩, 2018년.

송숙희,『1000일간의 블로그』, 교보문고, 2010년.

───,『공부 습관을 잡아주는 글쓰기』, 교보문고, 2017년.

송재환,『다시, 초등 고전 읽기 혁명』, 글담, 2018년.

슬구,『우물 밖 여고생』, 푸른향기, 2016년.

───,『스무 살은 처음이라』, 푸른향기, 2018년.

알렉 그레븐, 이근애 옮김,『여자친구에게 말 걸기』, 소담주니어, 2011년.

에린 그루웰, 김태훈 옮김,『프리덤 라이터스 다이어리』, RHK, 2014년.

유시민,『유시민의 글쓰기 특강』, 생각의길, 2015년.

은유,『글쓰기의 최전선』, 메멘토, 2015년.

이기주,『언어의 온도』, 말글터, 2016년.

이민규,『하루 1%』, 끌리는책, 2015년.

이민주,『지금까지 없던 세상』, 쌤앤파커스, 2015년.

이오덕,『이오덕의 글쓰기』, 양철북, 2017년.

이지성,『꿈꾸는 다락방』, 국일미디어, 2007년.

이지은,『지금 시작하는 엄마표 미래교육』, 글담, 2017년.

임하영,『학교는 하루도 다니지 않았지만』, 천년의상상, 2017년.

장서영,『초등 적기 글쓰기』, 글담, 2016년.

장준혁,『청소년 책 쓰기 프로젝트』, 큰그림, 2018년.

정학경,『내 아이의 미래력』, 라이팅하우스, 2017년.

조승연,『소녀, 적정기술을 탐하다』, 뜨인돌, 2013년.

채사장,『지적 대화를 위한 넓고 얕은 지식』, 한빛비즈, 2014년.

최혁준,『고등학생의 국내 동물원 평가 보고서』, 책공장더불어, 2014년.

폴 김 · 함돈균,『교육의 미래: 티칭이 아니라 코칭이다』, 세종서적, 2017년.

하연철,『박물관에서 공룡을 만나다』, 지성사, 2017년.

학산중학교 책쓰기 동아리 인본주의,『돈, 고민하다』, 지혜나무, 2015년.

한기호,『우리는 모두 저자가 되어야 한다』, 북바이북, 2017년.

한지원 · 정희선,『자존감을 높이는 엄마의 글쓰기 코칭』, 카모마일북스, 2017년.

허병두 · 한원경 · 한준희 · 이성욱 · 이금희,『책 쓰기 꿈꾸다』, 문학과지성사, 2012년.

허은미 글, 조원희 그림,『쿵쿵이의 대단한 습관 이야기』, 풀빛, 2016년.

백만불짜리 글쓰기 습관

ⓒ 박은진, 2019

초판 1쇄 2019년 4월 22일 찍음
초판 1쇄 2019년 4월 26일 펴냄

지은이 l 박은진
펴낸이 l 강준우
기획·편집 l 박상문, 김소현, 박효주, 김환표
디자인 l 최원영
마케팅 l 이태준
관리 l 최수향
인쇄·제본 l 대정인쇄공사

펴낸곳 l 인물과사상사
출판등록 l 제17-204호 1998년 3월 11일

주소 l 04037 서울시 마포구 양화로7길 4(서교동) 2층
전화 l 02-325-6364
팩스 l 02-474-1413

www.inmul.co.kr l insa@inmul.co.kr

ISBN 978-89-5906-520-2 03370

값 12,000원

이 도서의 국립중앙도서관 출판예정도서목록(CIP)은 서지정보유통지원시스템 홈페이지
(http://seoji.nl.go.kr)와 국가자료공동목록시스템(http://www.nl.go.kr/kolisnet)에서
이용하실 수 있습니다.